21世纪全国高等院校物流专业创新型应用人才培养规划教材·实训系列

供应链管理实训

主　编　杜文意　苏　畅
副主编　刘晓婧　林　兵　罗文宝
主　审　李锦生

内 容 简 介

本书是按照供应商、制造商、零售商、物流公司和终端用户组成的供应链管理系统逻辑顺序编写的。本书从供应链系统运行实际出发，首先介绍供应链系统角色的分配及相应的信息录入；在此基础上，介绍供应链管理设计模式及各自角色的管理实训。为培养学生动手实践能力，把握影响供应链终端用户的因素以及如何影响供应链上其他成员的订单，教材还介绍了啤酒游戏、库存预测等内容。为增强学生对供应链整体管理的认识和对供应链上成员的绩效分析，提高供应链管理的实训操作技能，本书还借助案例介绍了供应链一体化方案设计实训。

本书可作为高等院校物流管理专业本科生、硕士生及工商管理硕士（MBA）的教材和参考书，还可作为相关领域的企业管理人员的参考书。

图书在版编目(CIP)数据

供应链管理实训/杜文意，苏畅主编．—北京：北京大学出版社，2018.8
（21世纪全国高等院校物流专业创新型应用人才培养规划教材）
ISBN 978-7-301-29715-5

Ⅰ．①供… Ⅱ．①杜…②苏… Ⅲ．①供应链管理—高等学校—教材 Ⅳ．①F252.1

中国版本图书馆 CIP 数据核字(2018)第 170895 号

书　　　名	供应链管理实训
	GONGYINGLIAN GUANLI SHIXUN
著作责任者	杜文意　苏畅　主编
策 划 编 辑	王显超
责 任 编 辑	罗丽丽　翟源
标 准 书 号	ISBN 978-7-301-29715-5
出 版 发 行	北京大学出版社
地　　　址	北京市海淀区成府路 205 号　100871
网　　　址	http://www.pup.cn　新浪微博:@北京大学出版社
电 子 信 箱	pup_6@163.com
电　　　话	邮购部 62752015　发行部 62750672　编辑部 62750667
印 刷 者	河北滦县鑫华书刊印刷厂
经 销 者	新华书店
	787 毫米×1092 毫米　16 开本　9.75 印张　234 千字
	2018 年 8 月第 1 版　2018 年 8 月第 1 次印刷
定　　　价	28.00 元

未经许可，不得以任何方式复制或抄袭本书之部分或全部内容。
版权所有，侵权必究
举报电话：010-62752024　电子信箱：fd@pup.pku.edu.cn
图书如有印装质量问题，请与出版部联系，电话：010-62756370

前　言

　　本书是为适应高等院校培养物流行业技术技能型人才的需要，配合供应链管理理论教学和指导学生模拟供应链管理系统实训操作而编写的。目前，高等院校正在对财经管理类专业课程体系、课程内容以及实训教学进行改革，"供应链管理"作为物流管理专业课程已在我国高等院校管理类专业普遍开设。随着我国物流市场的完善和市场规模的扩大，企业和社会需要更多的高素质物流人才，本书也是基于这方面的需要编写而成的。在本书编写过程中，我们主要注重以下特色。

　　1. 坚持理论与实际相结合。本书中每一个实训操作前面都有相关的知识介绍，是理论与实际相结合的产物，详细阐述了供应商、制造商、零售商、物流公司和终端用户等方面基本信息系统录入及供应链各成员管理的实训步骤。

　　2. 注重培养学生的实训操作能力。我们在编写本书时，为了适应教学改革需要，把提高学生分析能力和实训操作能力作为编写的出发点。本书以江苏师范大学部地共建的物流与供应链实训室为依托，指导学生运用信息技术开展综合物流实训活动，各部分内容配以丰富的软件实训操作图例加以剖析。

　　3. 融入高校教师与物流实训行业专家共同探讨的成果。为增强本书的专业性、实用性和可实训操作性，我们邀请了与江苏师范大学部地共建物流与供应链管理实训室的深圳市华软新元科技有限公司的部分专家以及西南地区长江师范学院教师共同参与本实训教材的大纲讨论、模板设计等，提高了本书的编写质量。

　　本书由江苏师范大学杜文意和长江师范学院苏畅担任主编，设计全书框架和编写大纲。江苏师范大学刘晓婧、林兵和长江师范学院罗文宝担任副主编。全书由杜文意统稿。由江苏师范大学商学院综合实训室主任李锦生担任主审。本书特别注重知识体系与逻辑结构的科学性、实用性与可操作性，目的在于帮助学生系统理解和应用供应链管理理论、方法和流程，同时满足企业和社会对高质量应用型人才的需求，可作为高等院校物流管理专业本科生、硕士生及工商管理硕士（MBA）的教材和参考书，还可作为相关领域的企业管理人员的参考书。限于编者水平与时间等因素，书中难免有疏漏之处，敬请广大读者批评指正。

编　者
2018.1

目　　录

基础信息录入篇

实训一　供应链系统角色分配 ……………… 1
　　【基础知识】 ………………………………… 1
　　【实训目的与要求】 ………………………… 7
　　【实训前准备】 ……………………………… 7
　　【实训内容】 ………………………………… 15
　　【实训总结】 ………………………………… 18
　　【思考题】 …………………………………… 18

实训二　供应商基础信息录入 ……………… 19
　　【基础知识】 ………………………………… 19
　　【实训目的与要求】 ………………………… 19
　　【实训内容】 ………………………………… 20
　　【实训总结】 ………………………………… 22
　　【思考题】 …………………………………… 22

实训三　制造商基础信息录入 ……………… 23
　　【基础知识】 ………………………………… 23
　　【实训目的与要求】 ………………………… 23
　　【实训内容】 ………………………………… 24
　　【实训总结】 ………………………………… 32
　　【思考题】 …………………………………… 32

实训四　零售商基础信息录入 ……………… 33
　　【基础知识】 ………………………………… 33
　　【实训目的与要求】 ………………………… 33
　　【实训内容】 ………………………………… 33
　　【实训总结】 ………………………………… 35
　　【思考题】 …………………………………… 35

实训五　物流公司基础信息录入 …………… 36
　　【基础知识】 ………………………………… 36
　　【实训目的与要求】 ………………………… 36
　　【实训内容】 ………………………………… 36
　　【实训总结】 ………………………………… 40
　　【思考题】 …………………………………… 40

实训六　终端用户基础信息录入 …………… 41
　　【基础知识】 ………………………………… 41
　　【实训目的与要求】 ………………………… 42
　　【实训内容】 ………………………………… 42
　　【实训总结】 ………………………………… 51
　　【思考题】 …………………………………… 51

单项管理实训篇

实训七　供应商管理 ………………………… 52
　　【基础知识】 ………………………………… 52
　　【实训目的与要求】 ………………………… 53
　　【实训内容】 ………………………………… 53
　　【实训总结】 ………………………………… 77
　　【思考题】 …………………………………… 77

实训八　制造商管理 ………………………… 78
　　【基础知识】 ………………………………… 78
　　【实训目的与要求】 ………………………… 81
　　【实训内容】 ………………………………… 81

　　【实训总结】 ………………………………… 90
　　【思考题】 …………………………………… 91

实训九　零售商管理 ………………………… 92
　　【基础知识】 ………………………………… 92
　　【实训目的与要求】 ………………………… 96
　　【实训内容】 ………………………………… 96
　　【实训总结】 ………………………………… 108
　　【思考题】 …………………………………… 108

实训十　物流公司管理 ……………………… 109
　　【基础知识】 ………………………………… 109

项目一　物流公司接单管理实训 …………… 110
　【实训目的】 …………………………… 110
　【实训内容】 …………………………… 111
　【实训步骤】 …………………………… 111
　【实训总结】 …………………………… 113
　【思考题】 ……………………………… 113
项目二　物流公司采购管理实训 …………… 113
　【实训目的】 …………………………… 113
　【实训内容】 …………………………… 113
　【实训步骤】 …………………………… 113
　【实训总结】 …………………………… 115
　【思考题】 ……………………………… 116
项目三　物流公司配送计划实训 …………… 116
　【实训目的】 …………………………… 116
　【实训内容】 …………………………… 116
　【实训步骤】 …………………………… 116
　【实训总结】 …………………………… 117
　【思考题】 ……………………………… 118
项目四　物流公司入库管理实训 …………… 118
　【实训目的】 …………………………… 118
　【实训内容】 …………………………… 118
　【实训步骤】 …………………………… 118
　【实训总结】 …………………………… 120
　【思考题】 ……………………………… 120
项目五　物流公司出库管理实训 …………… 121
　【实训目的】 …………………………… 121
　【实训内容】 …………………………… 121
　【实训步骤】 …………………………… 121
　【实训总结】 …………………………… 123
　【思考题】 ……………………………… 123
项目六　物流公司配送管理实训 …………… 124
　【实训目的】 …………………………… 124
　【实训内容】 …………………………… 124
　【实训步骤】 …………………………… 124
　【实训总结】 …………………………… 128
　【思考题】 ……………………………… 128

实训十一　供应链需求管理 ………………… 129
　【基础知识】 …………………………… 129
　【实训目的与要求】 …………………… 130
　【实训前准备】 ………………………… 130
　【实训步骤】 …………………………… 133
　【实训总结】 …………………………… 142
　【思考题】 ……………………………… 142

实训十二　供应链一体化实训 ……………… 143
　【基础知识】 …………………………… 143
　【实训目的与要求】 …………………… 143
　【实训步骤】 …………………………… 144
　【实训原理】 …………………………… 146
　【实训总结】 …………………………… 147
　【思考题】 ……………………………… 148

参考文献 ……………………………………………………………………………………………… 149

基础信息录入篇

实训一　供应链系统角色分配

【基础知识】

一、供应链概念

供应链（Supply Chain，SC）的概念在 20 世纪 80 年代末提出，近年来随着全球制造（Global Manufacturing）的出现，供应链在制造业管理中得到普遍应用，成为一种新的管理模式。

供应链至今尚无一个公认的定义。在供应链管理的发展过程中，有关的专家和学者提出大量的定义，这些定义其实是在一定的背景下提出的，而且是在不同发展阶段上的产物。我们可以把这些定义大致划分为以下 3 个阶段。

（一）物流管理过程的阶段

同一切新生事物一样，人们对供应链的认识也经历了一个由浅到深的过程。马士华教授认为，"供应链管理的研究最早是从物流管理开始的"。起初，人们并没有把它和企业的整体管理联系起来，主要是进行供应链管理的局部性研究，如研究多级库存控制问题、物资供应问题，较多的是研究分销运作问题，如分销需求计划（Distribution Requirement Planning，DRP）等。陈启申认为"Supply Chain"应该有供需两方面的含义，翻译为"供需链"更加确切。他认为供应链会使"人们简单的只想到物流、仓库、运输等物料的单方向供应过程"。

早期的观点认为：供应链是指将采购的原材料和收到的零部件，通过生产转换和销售等活动传递到用户的一个过程。因此，供应链也仅被视为企业内部的一个物流过程，它所涉及的主要是物料采购、库存、生产和分销诸部门的职能协调问题，最终目的是优化企业内部的业务流程，降低物流成本，从而提高经营效率。基于这种认识，在早期有人将供应链仅仅看作是物流公司自身的一种运作模式。

（二）价值增值链的阶段

进入 20 世纪 90 年代，人们对供应链的理解又发生了新的变化：首先，由于需求环境的变化，原来被排斥在供应链之外的最终用户、消费者的地位得到了前所未有的重视，从而被纳入了供应链的范围。这样，供应链就不再只是一条生产链了，而是一个涵盖了整个产品"运动"过程的增值链。

清华大学蓝伯雄教授认为：所谓供应链就是原材料供应商、生产商、分销商、运输商等一系列企业组成的价值增值链。原材料、零部件依次通过"链"中的每个企业，逐步变成产品，交到最终用户手中，这一系列的活动就构成了一个完整的供应链（从供应商的供应商到客户的客户）的全部活动。

美国的史蒂文斯（Stevens）认为："通过增值过程和分销渠道控制从供应商的供应商到用户的用户的流就是供应链，它开始于供应的源点，结束于消费的终点。"概念中强调供应链的外部环境。Fred A. Kuglin 在其《以顾客为中心的供应链管理》一书中，把供应链管理定义为："制造商与它的供应商、分销商及用户——也即整个'外延企业'中的所有环节——协同合作，为顾客所希望并愿意为之付出的市场，提供一个共同的产品和服务。这样一个多企业的组织，作为一个外延的企业，最大限度地利用共享资源（人员、流程、技术和性能测评）来取得协作运营，其结果是高质量、低成本，迅速投放市场并获得顾客满意的产品和服务。"

根据美国生产和库存控制协会（American Production and Inventory Control Society，APICS）第九版《APICS 辞典》中的定义："供应链管理是计划、组织和控制从最初原材料到最终产品及其消费的整个业务流程，这些流程链接了从供应商到顾客的所有企业。供应链包含了由企业内部和外部为顾客制造产品和提供服务的各职能部门所形成的价值链。"APICS 关于供应链管理（Supply Chain Management，SCM）定义的前半部分说明 SCM 所涉及的理论源于产品的分销和运输管理。供应链"涵盖了从原材料供应商、经制造和分销商到最终用户的整个产品的物流。"事实上许多作者对 SCM 和物流管理（Logistics Management，LM）的定义并没有严格的区分，认为 SCM 不过是 LM 的新名词而已，然而 SCM 更着重于从原材料供应商到最终用户所有关键业务流程的集成，许多非物流管理的流程也必须集成到整个供应链中。SCM 定义的后半部分说明价值增值是供应链的基本特征，有效的供应链必定是一个增值链。也就是说，在供应链中的各个实体，无论从事什么样的活动，其对产品转换流程的增值必须大于成本。

（三）"网链"的阶段

随着信息技术的发展和产业不确定性的增加，今天的企业间关系正在呈现日益明显的网络化趋势。与此同时，人们对供应链的认识也正在从线性的"单链"转向非线性的"网链"，实际上，这种网链正是众多条"单链"纵横交错的结果。正是在这个意义上，哈里森（Harrision，1999）才将供应链定义为："供应链是执行采购原材料，将它们转换为中间产品和成品，并且将成品销售到用户的功能网链"。密歇根大学学者指出：既强调供应链是一个过程，同时认为，供应链是一个对多公司"关系管理"的集成供应链，它包含从原材料的采购到产品和服务交付给最终消费者的全过程。

供应链的概念是从扩大的生产（Extended Production）概念发展来的，它将企业的生产活动进行了前伸和后延。譬如，日本丰田公司的精益协作方式中就将供应商的活动视为生产活动的有机组成部分而加以控制和协调，这就是向前延伸。后延是指将生产活动延伸至产品的销售和服务阶段。因此，供应链就是通过计划（Plan）、获得（Obtain）、存储（Store）、分销（Distribute）、服务（Serve）等这样一些活动而在顾客和供应商之间形成的一种衔接

(Interface),从而使企业能满足内外部顾客的需求。供应链与市场营销学中销售渠道的概念有联系也有区别。

供应链包括产品到达顾客手中之前所有参与供应、生产、分配和销售的公司和企业,因此其定义涵盖了销售渠道的概念。供应链对上游的供应者(供应活动)、中间的生产者(制造活动)和运输商(储存运输活动),以及下游的消费者(分销活动)同样重视。

供应链是在相互关联的部门或业务伙伴之间所发生的物流、资金流、知识流、信息流和服务流,覆盖从产品(或服务)设计、原材料采购、制造、包装到交付给最终用户的全过程的功能网链。供应链执行系统的应用大大加快了物流的发展。

在我国,2006 年发布实施的《物流术语》国家标准(GB/T 18354—2006)中这样定义供应链:生产及流通过程中,涉及将产品或服务提供给最终用户活动的上游与下游企业,所形成的网链结构。这种网链结构可以是单一的,也可以是复杂的。单一的网链结构只涉及上下游单一的企业,而复杂的网链结构可能涉及众多的上下游企业。一般来说,构成供应链的基本要素包括以下方面。

1. 供应商家

供应商家是指可以给生产厂家提供原材料或零部件的企业,而在本书中我们统一定义为供应商,不管是原材料供应商,还是零部件供应商。

2. 生产厂家

生产厂家即产品制造企业,是产品生产的最重要环节,负责产品生产、开发和售后服务等,在本书中我们统一定义为制造商。

3. 分销企业

分销企业是为了实现将产品送到经营地的每一个角落而设的产品流通代理企业。

4. 零售企业

零售企业是将产品销售给消费者或终端用户的企业。

在本书中我们统称分销企业和零售企业为零售商,因为可以理解为分销企业是一级或较高级的零售商,它只负责对较大的零售企业采取分销措施,较少地直接面对个人消费者;而零售企业因规模、资金等原因,其直接面对消费人群。

5. 消费人群

消费者是供应链的最后环节,也是整条供应链的唯一收入来源,本书中我们统称为终端用户。

供应链结构图如图 1.1 所示:

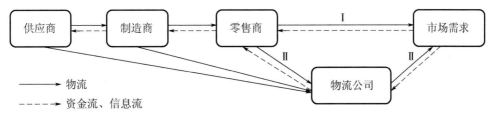

图 1.1 供应链结构图

图 1.1 供应链结构中,零售商可以承担物流接收、配置、运输等功能,即图 1.1 中的 Ⅰ

途径；还有一种结构是零售商不承担物流接收、配置、运输等功能，即图 1.1 中的 Ⅱ 途径，借助第三方物流公司来完成终端市场消费者的需求。而本书中，我们以 Ⅱ 中的供应链物流流向结构为依据，实际操作、练习这种途径结构中的各种供应链管理实训问题。

二、供应链管理概念

企业要想在市场上生存，除了要努力提高产品的质量之外，还要对其在市场中的活动采取更加先进，更加有效率的管理运作方式。供应链管理就是在这样的现实情况下出现的。供应链管理提出的时间虽不长，但已引起人们的广泛关注。国际上一些著名的企业如惠普公司、IBM 公司、DELL 公司等在供应链管理实践中取得了巨大的成绩，使人们更加坚信供应链是进入 21 世纪后企业适应全球竞争的一种有效途径，因而吸引了许多学者和企业界人士研究和实践供应链管理。

在传统的管理思想指导下，各组织和部门通常只追求本部门的利益，而且各部门、组织之间缺少有效的信息沟通与集成，其后果是通常会出现 Forrester 教授在 20 世纪五六十年代首先发现的一种现象，即微小的市场波动会造成制造商在进行生产计划时遇到巨大的不确定性。许多实证研究与企业调查发现，这种现象存在于包括汽车制造、计算机制造、日用品制造等行业的供应链中。现代管理科学家将这种现象称为"牛鞭效应"（Bullwhip Effect），即向供应商订货量的波动程度（方差）会大于向其顾客销售量的波动程度（方差），而且这种波动程度沿着供应链向上游不断扩大。这种现象会给企业造成严重的后果：产品库存积压严重，供货周期偏长，服务水平不高、产品成本过高及质量低劣等问题。

科学技术的发展使得各国之间的地理和文化上的差距大大地缩短，各国的工商组织能够在全球范围内获取资源并销售产品，加上产品生命周期不断地缩短，供应链管理的作用就更加突出，范围更加广泛的全球性供应链也迫切地需要更加有效的管理理念和协调技术，而 EDI（电子数据交换）、PDI（产品数据交换）、Internet、Intranet 以及各种信息系统应用的发展，极大地促进了现代供应链管理理念的实现以及组织结构转变。同时，20 世纪 80 年代中后期许多企业所开展的业务流程重构（Business Process Reengineering，BPR）也极大地促进了供应链管理的发展。业务流程重构强调的是对职能部门进行横向集成，形成一个管理良好的业务流程，以创造更多的顾客的价值。许多企业认识到，仅仅进行内部业务流程重构其效果十分有限，所以还需要考虑促进供应链中其他成员业务流程的改进，并通过它们来增强竞争优势。从某种程度上来说，供应链管理实际上是将业务流程重构的思想在企业网络之间进行推广。其实，企业为最终顾客的服务，除本企业的各个不同的增值活动之外，还应包括相关的其他企业组织：原材料、零部件供应商，产品分销商等的各种增值活动。业务流程重构通常强调的是企业内部各职能活动的协调与集成，而供应链管理则强调了在此基础之上对组织与组织之间业务流程的重新设计与集成。

此外，人们对供应链及其有效管理的研究热情近几年空前高涨，主要原因还包含了人们对供应链管理在企业生存发展中的作用和地位有了新的认识，麻省理工学院斯隆管理学院的查尔斯·法恩教授根据他最近的个案研究成果和调查得出这样的结论：在今天比拼竞争力的战场上，一家企业最根本、最核心的竞争力在于对供应链的设计。美国的一项研究显示：许多企业在供应链中发生的费用约占其国内销售额的 10%，占国际销售额的 40%；由于供应链管理不善，企业每年大约损失 300 多亿美元。目前，SCM 在美国、欧洲、日本等发达国家和地区的研究越来越深入，应用也越来越广泛，许多国际著名的大企业如宝洁（P&G）、惠普（HP）、国际商用机器公司（IBM）等已在SCM的实践中获得巨大收益；在中高档时尚用品、办公用品、季节性消费品等行业中，SCM也取得了十分显著的效果。

随着知识经济时代的到来，经济全球化、市场一体化的趋势日益加强。面对变化反复无常、竞争日趋激烈的市场环境以及顾客需要多样化与个性化、消费水平不断提高的终端用户，企业必须从战略层次上来管理物流，通过供应链管理获取竞争优势，其目的是将顾客所需的、正确的产品（Right Product）在正确的时间（Right Time），按照正确的数量（Right Quantity）、正确的质量（Right Quality）、正确的状态（Right Status）送到正确的地点（Right Place），即"6R"，并使总成本量最小。其中，物流是从供应商到顾客手中的物质产品流；信息流包括产品需求、订单传递、交货状态及库存信息；资金流包括信用条件、支付方式及委托与所有权契约等。它从整体的观点出发，寻求建立供、产、销企业间的战略伙伴关系，最大限度地减少内耗与浪费，实现供应链整体效率的最优化。与传统的物流管理相比，供应链管理更强调供应链整体的集成与协调，要求各成员企业围绕物流、信息流和资金流进行信息共享与经营协调，实现柔性与稳定的供需关系。

作为一种新的管理方法，供应链管理就是对整个供应链中各参与组织、部门之间的物流、信息流与资金流进行计划、协调和控制等，其目的是通过优化提高所有相关的过程的速度和确定性，最大化所有相关过程的净增加值，提高组织的运作效率和效益。供应链中的物流是指从供应商到顾客手中的物质产品流。供应链中的信息流包括产品需求、订单的传递、交货状态及库存信息。供应链中的资金流（Financial flows）包括信用条件、支付方式，以及委托与所有权契约等。这些流常常是跨部门、跨企业、跨产权主体甚至是跨行业的。

供应链管理涉及的具体功能包括：订单处理、原材料存储、生产计划安排、库存设计、货物运输和售后服务等。有的学者认为供应链管理是物料管理的延伸，但实际上供应链管理与物料控制及储运管理有很大的差别，主要表现在以下3个方面。①供应链管理强调与企业外部的合作，而不是仅仅关注企业内部的优化。②供应链管理认为库存不是必需的，而是起平衡作用的工具，供应链管理强调低库存甚至零库存。③供应链管理以系统工程的方法来统筹整个供应链，并最终依据整个供应链进行战略决策。

很多学者也对供应链管理给出了定义，但是在诸多定义中比较全面的应该是这一条：供应链管理是以市场和客户需求为导向，在核心企业协调下，以共赢原则，以提高竞争力、市场占有率、客户满意度、获取最大利润为目标，以协同商务、协同竞争为商业运作模式，通过运用现代企业管理技术、信息技术和集成技术，达到对整个供应链上的信息流、物流、资金流、业务流和价值流的有效规划和控制，从而将客户、供应商、制造商、销售商、服务商等合作伙伴连成一个完整的网状结构，形成一个极具竞争力的战略联盟。简单地说，供应链管理就是优化和改进供应链活动，其对象是供应链组织和他们之间的"流"，应用的方法是集成和协同；目标是满足客户的需求，最终提高供应链的整体竞争能力。供应链管理的实质是深入供应链的各个增值环节，将顾客所需的正确产品能够在正确的时间，按照正确的数量、正确的质量和正确的状态送到正确的地点即"6R"，并使总成本最小。供应链管理的经营理念是从消费者的角度，通过企业间的协作，谋求供应链整体最佳化。成功的供应链管理能够协调并整合供应链中所有的活动，最终成为无缝连接的一体化过程。

具体的供应链管理流程如图1.2所示。

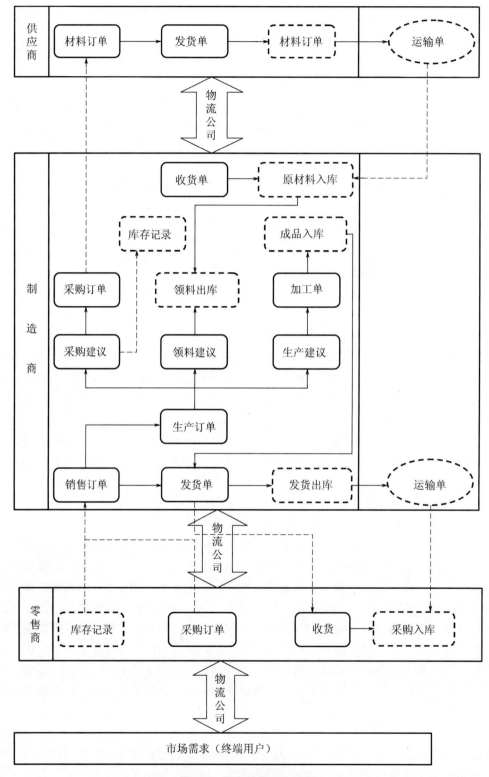

图1.2 供应链管理流程图

【实训目的与要求】

本实训的目的是加深学生对供应链和供应链管理相关知识的理解与认识，掌握一条供应链上各企业节点扮演的角色及作用，掌握供应链管理的目标，通过动手实训操作能够根据供应链管理理论，进行供应链管理模拟实训，熟悉供应链管理的基本要求，使我们具体感受到企业进行物流供应链管理的整个流程，掌握实施供应链管理的对策和原则以及供应链绩效的相关因素影响，从更全面的角度来观察企业在物流及供应链管理等方面的运作。

具体要求如下所述。

（1）掌握供应链的特征、一般职能，熟悉不同主体的供应链形态及不同产品的供应链类型。

（2）掌握某一条供应链上的节点企业扮演的角色及作用，熟悉不同节点企业或上下游企业的物流关系。

（3）增强学生的动手与实训操作能力，掌握供应链成员设计的原则，熟悉掌握供应链设计的步骤，熟悉不同产品背景下供应链管理系统的设计要点。

（4）了解供应链管理的最优模式，熟悉供应链管理的总体结构和总体目标，掌握企业流程（物流、信息流和资金流）的全部活动和过程。

【实训前准备】

1. 分组

将参与实训的学生进行分组，根据生产、销售不同的产品每组成员组成人数不同，但要求每组至少五个人，模拟组成一条供应链，小组成员分别模拟供应商、制造商、零售商、物流公司和终端消费者。要求一条供应链上的产品制造商只能有 1 个，其他企业可以有多个，这也是比较符合市场实际情况的。一个产品可以有多个零部件组成，每一个零部件供应商供应一种产品零部件（原材料），制造商完成产品生产，进行产品的仓储、保管及发货，下游零售商根据终端消费者需求向上游制造商订购产品，进而满足需求。

各小组之间共同商量、讨论，确定以下事宜。

（1）角色分配，确定各个企业公司的名称，如供应商的商业全名，制造商的公司名称，物流公司的名字等。

（2）选择哪个行业，不同的行业产品原材料的采购、生产、销售、配送等环节就会有差异。

（3）生产哪些产品，所需原材料和半成品有哪些，确定物流清单，尽量结合实际需求。

（4）最后，将一条供应链上的每一个角色分工、行业背景描述、产品列表以及材料清单目录提供给老师。

2. 系统初始化

（1）创建账套。首先借助江苏师范大学商学院采购的深圳市华软新元科技有限公司供应链管理系统，由系统管理员创建各生产企业账套，然后各组以生产企业身份登录，分别创建本组其他角色的账套。

(2) 基础资料维护。各组以本角色身份登录系统,新增基础资料、各个企业的业务记录和初始库存均为零。

(3) 资料审核。各角色相互核对基础资料确保无误。

3. 供应链管理系统账号管理

(1) 管理员账号管理。

① 管理员登录。接通电源后,打开计算机,在计算机桌面上,单击"供应链管理系统"图标,打开华软供应链管理系统,进入主界面如图1.3所示。

图 1.3 华软供应链管理系统主界面

输入管理员的用户名:admin 和密码(默认密码为:123,以后实训操作管理员可以根据个人情况修改成自己熟悉的密码),单击"登录"按钮进入系统主界面如图1.4所示,界面最左边显示"密码管理""班级管理""教师管理""系统设置""消息管理"五个子菜单,分别单击每一个子菜单,都可以进行相应的管理设置,其中教师管理我们将在后面单独介绍。

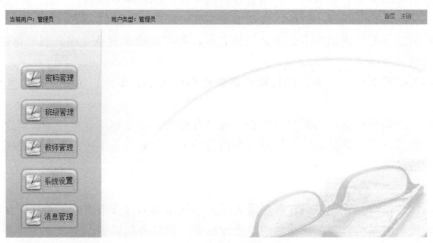

图 1.4 系统主界面

② 密码管理。单击"密码管理"——可修改管理员当前密码，输入默认当前密码123，在"新密码"对话框输入新的密码，"密码确认"对话框输入的密码应与"新密码"对话框中密码一致，如图1.5所示。

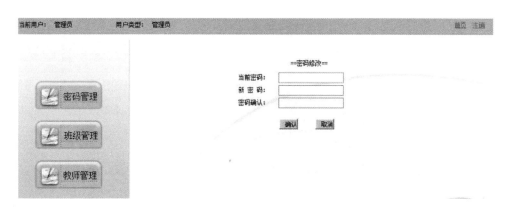

图1.5 密码修改界面

③ 班级管理。选择"班级管理"——单击"新增班级"定义新的班级信息，指定任课教师及班级状态，如图1.6所示。

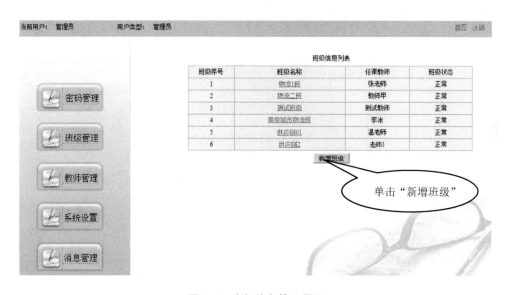

图1.6 班级信息管理界面

④ 教师管理。单击"教师管理"，如图1.7所示，注册"教师信息"，并分别选择"注册类型"中的教师，完善用户编号、用户密码和用户名称等信息，如图1.8所示。

⑤ 系统设置。单击"系统设置"，设置模拟角色信息，并分别给角色分配相关的实训操作权限。老师可以对每个模块进行分数的设置，当学生做完该项实训操作时系统自动评分，如图1.9所示。

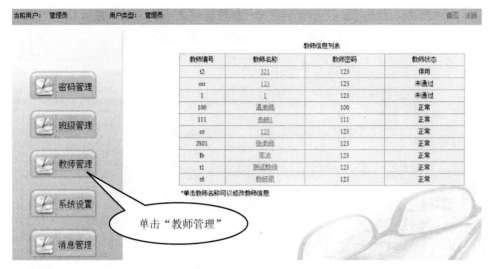

图 1.7　教师信息列表

图 1.8　教师用户注册界面

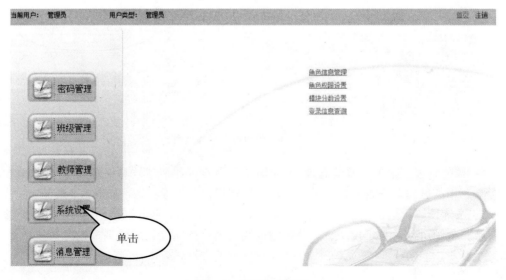

图 1.9　系统设置界面

(2) 教师账号的申请与管理。

① 申请教师账号。打开华软供应链管理系统进入"登录界面",如图 1.10 所示。

图 1.10 华软供应链系统登录界面

单击"注册"进入用户注册界面,如图 1.11 所示。选"注册类型"中的"教师"定义用户编号、密码、名称等各项,单击"确认"返回主界面。

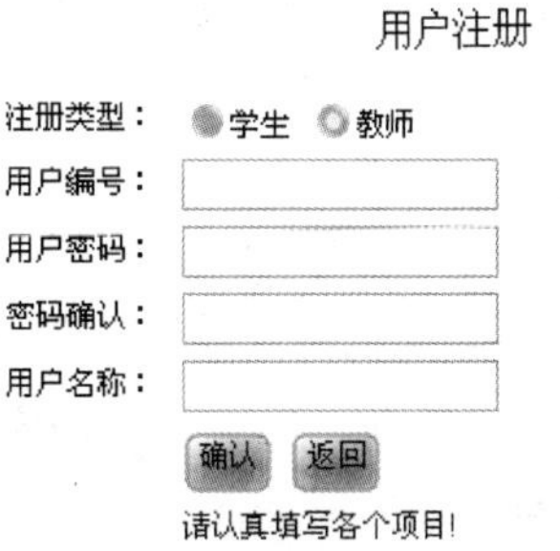

② 教师账号激活。教师账号申请成功后,首先要激活。用管理员身份登录供应链管理系统,单击"教师管理",如图 1.12 所示。选定之前申请的教师账号进入教师信息列表界面选择"正常"状态,同时也可以对某个教师账号进行"停用"实训操作,如图 1.13 所示。

图 1.11 教师用户注册界面

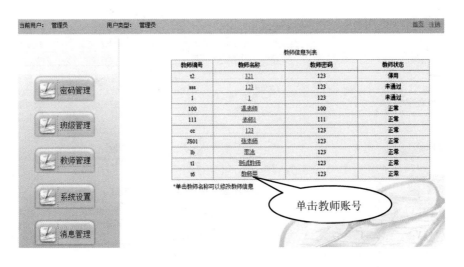

图 1.12 教师信息列表

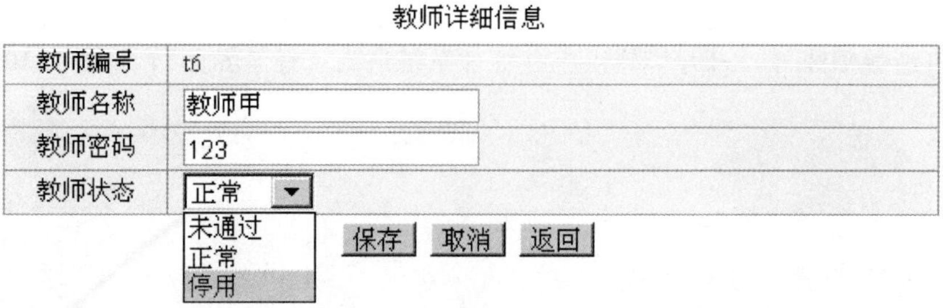

教师详细信息

教师编号	t6
教师名称	教师甲
教师密码	123
教师状态	正常 ▼
	未通过
	正常
	停用

保存　取消　返回

图 1.13　教师详细列表

③ 学生账号管理。单击"学生账号管理",可查看班级已注册学生的相关实训操作情况,并对学生账号进行激活与停用的管理。

④ 上课管理。单击"上课管理",弹出课程信息列表界面,如图 1.14 所示。单击"上新课"。再按步骤指定班级、课程名称、课程描述、指定学生实训所在的部门角色并确认。最后选定要上课的班级名单击"上课"开始上课。

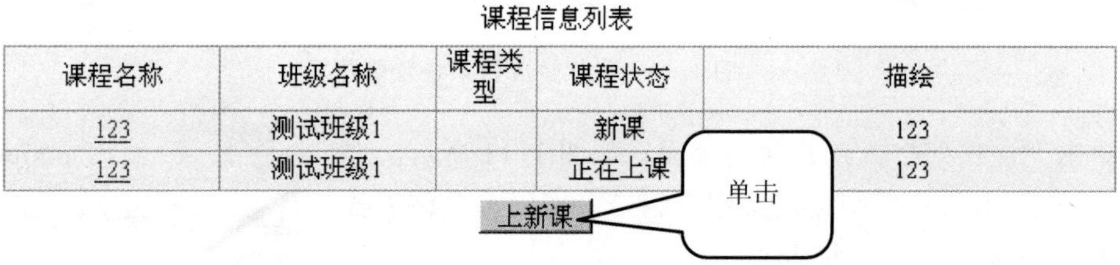

课程信息列表

课程名称	班级名称	课程类型	课程状态	描绘
123	测试班级1		新课	123
123	测试班级1		正在上课	123

上新课　← 单击

图 1.14　课程信息列表

⑤ 实训操作情况。单击"操作情况",进入查询页面,根据之前在上课管理项中定义的课程与班级,查看学生的实训操作成绩,系统根据老师之前指定的每个模块的分数对学生进行自动评分,如图 1.15 所示。

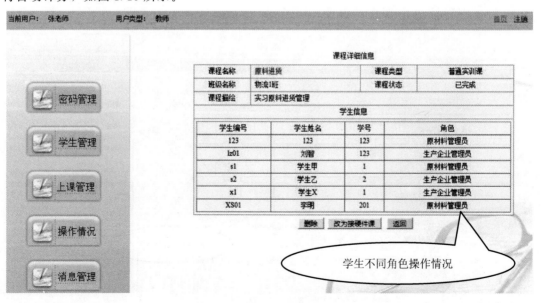

图 1.15　实训操作情况查询列表

⑥ 消息管理。单击"消息管理",在同一个局域网中可以进行收发信息的实训操作。

(3) 学生账号申请与管理。

① 申请学生账号。打开华软供应链管理系统进入"登录界面"。单击"注册"进入用户注册界面,选"学生",如图1.16所示,定义用户名称、编号、密码、学号、班级等各项,单击"确认"返回主界面。

图1.16 学生账号注册界面

② 学生账号激活。学生账号申请成功后,首先要激活。用教师身份登录供应链管理系统,单击"学生管理",如图1.17所示。首先选定学生账号所在的班级,进入学生详细信息列表,然后再选定之前新增加的学生账号单击"激活",同时也可以对某个学生账号进行"停用"实训操作,如图1.18所示。

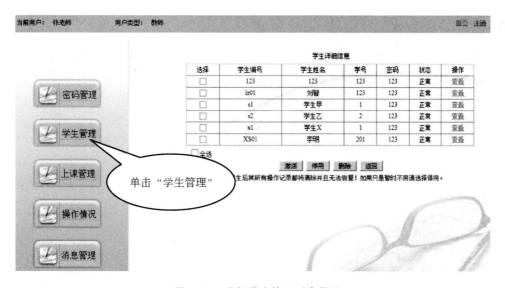

图1.17 班级学生情况列表界面

注意:删除所选学生后其所有实训操作记录都将清除,并且无法恢复!如果只是暂时不用,各位请选择"停用"。

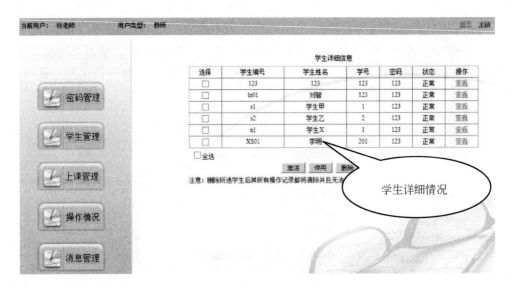

图1.18 学生详细信息

学生账号激活成功以后,学生就可以使用自己的账号进入系统做以下的实训操作了。

(4) 实训模拟数据录入。

① 原材料供应商。

在上述供应链系统中我们新增以下原材料供应商,单击"新增",建立"宝利通电子实业有限公司""明基电通股份有限公司""康贝新材料有限公司"三个供应商角色信息。

② 生产企业。

新增"中国×××集团北京总部"扮演系统核心生产企业。进入生产企业系统,在【基础资料】模块中增加以下的基础信息。

产品种类:新增(打印机类)。

产品信息:新增(HP喷墨打印机)。

原材料种类:新增(内置配件、外置配件)。

计量单位:新增(台、个、块、根、捆等)。

原材料信息:新增(打印头驱动板、程序集成电路板、打印电路板、电缆、机箱)。

电子看板信息:新增(电子看板一、电子看板二)。

生产车间:新增(一车间、二车间)。

车间流水线信息:新增(流水一线、流水二线)。

流水线加工台信息:新增(加工台一、加工台二)。

库位信息:新增(原材料库、成品库、不合格品库)。

产品配料信息:在HP喷墨打印机下增加(打印头驱动板、程序集成电路板、打印电路板、电缆、机箱)。

基础信息——仓库货架设置:新增(所属仓库:原材料库,区号为L1,列数10,层数5,起始列号1,货物类型:原材料)的货架信息。

财务管理——费用项目管理:新增(工资、设备折旧费)。

产品销售——产品销售价格:对HP打印机的销售价格进行设定。

③ 销售公司。

新增：华中销售部（长沙）、华南销售部（深圳）、华北销售部（天津）。

在三个销售公司中分别添加仓库（进入系统-基础资料-库位信息）。

财务管理：商品价格设置-新增 HP 喷墨打印机的价格。

批发管理：批发商管理-新增。

④ 物流公司。

新增：现代物流配送中心。

进入物流公司系统到基础资料增加以下物流公司的基础信息。

包装信息：纸盒、木箱。

仓库信息：华中仓库（长沙）、华南仓库（深圳）、华北仓库（天津）。

车辆信息：任意增加一至两台车辆信息。

驾驶信息：任意增加一至两个驾驶员信息。

地点信息：北京、长沙、湘潭、郴州、衡阳、武汉、郑州、广州、韶关、深圳、杭州、金华、上海等地点信息。

路线信息：京广线（经过北京、武汉、长沙、广州、深圳）。湘沪线（经过长沙、湘潭、杭州、金华、上海）等线路。

以上原材料供应商、生产商、销售商、物流公司的基础信息，都存在相互的逻辑关系。所以每一项都要对照进行详细录入，以便在实训操作时不影响流程。

【实训内容】

教师根据以上录入模拟数据以"中国×××集团"为生产企业核心，由"（长沙）华中销售公司"向×××北京总部发出 20 台"HP 喷墨打印机"的采购商务订单，生产企业（×××集团）接到订单后，分别向各原材料供应商采购对应的原材料，进行加工生产。加工成品出库后存放到物流公司的仓库，物流公司对成品进行装箱、贴条码后配送到销售公司"（长沙）华中销售公司"，以最后签收货品为完成一张订单的标志。

具体实训内容见表 1-1。

表 1-1 供应链系统管理实训步骤及内容

步骤	终端用户	零售商	制造商	供应商	物流公司
1	下达订单	接收客户订单后进行销售订单录入和处理			
2		进行采购订单录入和处理			
3			进行销售订单录入和处理		
4			组织生产，进行生产订单的录入和处理		

(续)

步骤	终端用户	零售商	制造商	供应商	物流公司
5			生成生产建议、领料建议和采购建议,然后分别生成生产加工单、领料单和采购单		
6			进行采购订单录入和处理		
7				进行销售订单录入和处理	
8			进行采购订单录入和处理		
9				货到后进行收货单录入和处理,下达收货指令	
10				收货入库(进行仓储单据录入和处理、作业调度和反馈)	
11				进行发货单录入和处理,下达发货指令	
12				销售出库(进行仓储单据录入和处理、作业调度和反馈)	
13					配送订单录入,生产作业计划
14					配送作业调度
15					配送作业场站实训操作,进入配送途中
16			原材料到货签收,进行收货单录入和处理,下达收货指令		签收信息录入

实训一 供应链系统角色分配

(续)

步骤	终端用户	零售商	制造商	供应商	物流公司
17			原材料入库（进行仓储单据录入和处理、作业调度和反馈）		
18			原材料领料出库（进行仓储单据录入和处理、作业调度和反馈）		
19			半成品生产完成入库、再领料出库或不入库（直接消耗）		
20			产成品生产完成入库		
21			进行发货单录入和处理，下达发货指令		
22			销售出库（进行仓储单据录入和处理、作业调度和反馈）		
23					配送订单录入，生成作业计划
24					配送作业调度
25					配送作业场站实训操作，进入配送途中
26		产成品到货签收，进行收货单录入和处理，下达收货指令			签收信息录入
27		入库（进行仓储单据录入和处理、作业调度和反馈）			
28		进行发货单录入和处理，下达发货指令			

(续)

步骤	终端用户	零售商	制造商	供应商	物流公司
29		销售出库（进行仓储单据录入和处理、作业调度和反馈）			
30					配送订单录入，生成作业计划
31					配送作业调度
32					配送作业场站实训操作，进入配送途中
33	签收货品				签收信息录入

【实训总结】

因为多人综合模拟实训由多个学生分别扮演一条供应链上各个角色（供应商、制造商、零售商、物流公司）。这样，组员之间选择各自所欲扮演的供应链角色，来共同完成实训。这需要每个同学了解自己所扮演的角色的任务及流程，还有整个供应链中的流程，通过每位同学各司其职并团结合作，体会到了供应链管理中的协作精神、也从中加强了对供应链管理这门课程学习的深化。

实训结束后，学生对模拟实训进行总结，编写出实训报告。

实训报告包括如下内容。

(1) 实训的目的。

(2) 实训的要求。

(3) 实训的内容及步骤。

(4) 相关数据，包括实训的相关业务流程图、开展相关业务的单据。

(5) 本次实训过程中取得的主要收获和体会。

【思考题】

(1) 如果终端用户波动较大，制造商处的订单将会发生怎样的变化？

(2) 零售商如何对其所在的供应链进行管理？

(3) 制造商采取延迟策略时，整个供应链将发生怎样的变化？

(4) 如果同一条供应链中的企业在信息共享的状态下展开运作，供应链中各成员将会怎么变化？

实训二　供应商基础信息录入

【基础知识】

《零售商供应商公平交易管理办法》中规定，供应商是指直接向零售商提供商品及相应服务的企业及其分支机构、个体工商户，包括制造商、经销商和其他中介商。或称为"厂商"，即供应商品的个人或法人。供应商可以是农民、生产基地、制造商、代理商、批发商（限一级）、进口商等，应避免太多中间环节的供应商。而在本书中，我们认定的供应商是在整个供应链系统中能够给予下游企业提供原材料、半成品、成品及相应服务的企业或分支机构，比如原材料供应商、半成品供应商等，其在采购活动中占有重要的地位，或者说采购活动中最重要的一个项目是供应商管理，其内容包括供应商的开发、评选、联盟、绩效评估及供应商的退出等。其中，以供应商评选与绩效评估最为重要。企业只有客观、科学地评估供应商，进行供应链管理，才能为客户提供价值最大化的产品与服务。供应链管理现已成为关系企业生存、发展的关键性因素，而供应商评估则是做好供应链管理、保持合作关系正常运行的前提与基础。如何从众多的供应商中选择合适的供应商才能更好地为企业的核心业务服务，首要解决的基本问题就是在供应链系统中对合适供应商基本信息的录入。

【实训目的与要求】

本实训的目的是加深学生对原材料供应商的理解与认识，掌握供应商管理的目标，通过自己动手录入供应商的相关企业信息，并对原材料等进行分类、统一单位等实训处理，使我们具体体会到选择合适供应商时应该关注的相关信息源，从而更全面、细致地选择出适合此产品生产过程中供应链系统的供应商。具体要求如下所述。

（1）掌握原材料及半成品等供应商的信息和类型单位等基数。

（2）掌握某一条供应链上的供应商承担的角色不同，其为下游提供的产品或服务即有所不同。

（3）进一步熟悉上下游企业的物流从属关系。

（4）增强学生的动手与实训操作能力，熟悉不同产品背景下供应商信息管理的设计要点。

【实训内容】

1. 原材料供应商

进入系统点击原材料供应商，单击"新增"，录入模拟数据中，对所要求的三家原材料公司进行详细的信息资料录入，完善后单击"保存"，这样就建立了三个新的原材料供应商角色，如图 2.1 所示。

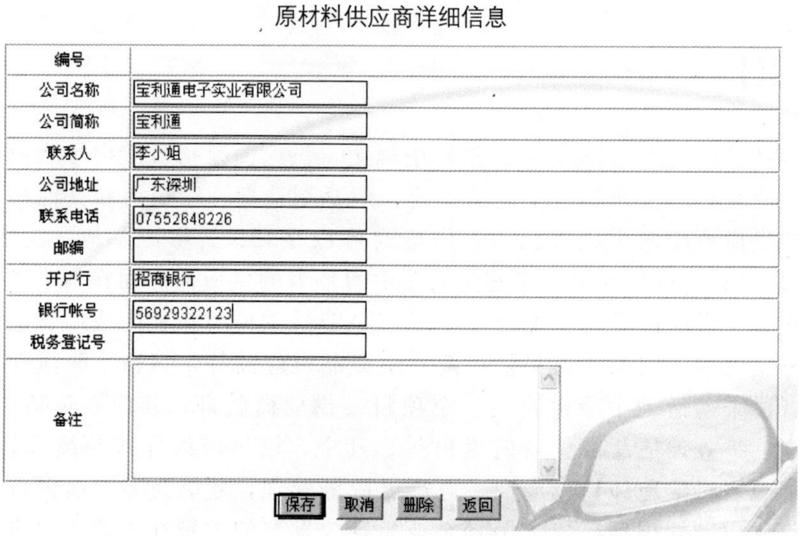

图 2.1　原材料供应商信息管理界面

2. 原材料种类

在原材料供应商【基础资料】模块中的【原材料类型】项中单击"新增"，录入相关原材料种类信息后单击"保存"，如图 2.2（a）所示。相关原材料类型信息，如图 2.2（b）所示。

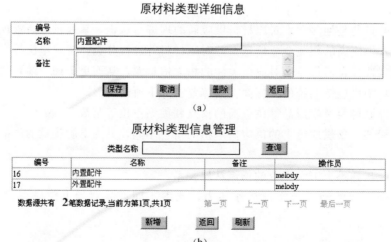

图 2.2　原材料类型管理界面

(1) 计量单位录入。在原材料供应商中【基础资料】模块中的【计量单位】项中单击"新增",如图 2.3 (a) 所示。录入相关计量单位信息后,单击"保存"(计量单位为台、个、块、根、捆),相关信息保存后,如图 2.3 (b) 所示。

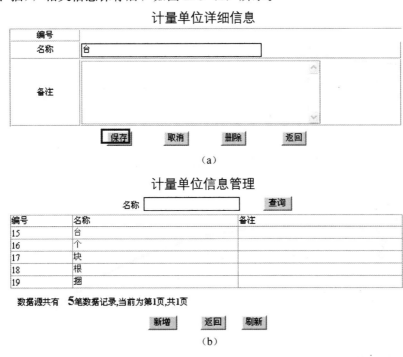

图 2.3　计量单位信息管理界面

(2) 原材料信息录入。在原材料供应商【基础资料】模块中的【原材料信息】项中单击"新增",如图 2.4 (a) 所示。录入相关原材料信息后,单击"保存"。相关信息(原材料信息:打印头驱动板、程序集成电路板、打印电路板、电缆、机箱)录入后,如图 2.4 (b) 所示。

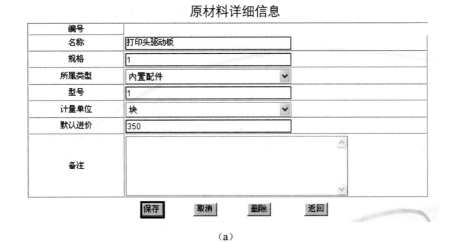

图 2.4　原材料信息管理界面

原材料信息管理

原材料名称 [ ] 查询

编号	名称	所属类型	计量单位	当前库存数
20	打印头驱动板	内置配件	块	0
21	程序集成电路板	内置配件	块	0
22	打印电路板	内置配件	块	0
23	电缆	外置配件	根	0
24	机箱	外置配件	个	0

数据源共有 5笔数据记录,当前为第1页,共1页　　第一页　上一页　下一页　最后一页

新增　返回　刷新

(b)

图 2.4　原材料信息管理界面（续）

【实训总结】

实训结束后，学生对模拟实训进行总结，重新选取新的供应商及相应的原材料信息录入，编写出实训报告。

实训报告包括如下内容。

（1）实训的目的。

（2）实训的要求。

（3）实训的内容。

（4）本次实训过程中取得的主要收获和体会。

【思考题】

（1）从众多的供应商中选择合适供应商的标准有哪些？

（2）原材料供应商信息录入时，其关于原材料的单位是否要做到和产品的单位相统一？

（3）如果在同一条供应链中是不是只应该有单一的原材料供应商？

实训三 制造商基础信息录入

【基础知识】

所谓企业，是指从事生产、流通、服务等经济活动，实行自主经营、自负盈亏、独立核算、依法成立的基本经济组织。工业企业是最早出现的企业，它是指为满足社会需要并获得盈利从事工业性生产经营活动或工业性劳务活动，自主经营、自负盈亏、独立核算并且有法人资格的经济组织。

在供应商系统中，按照下游企业产品订单要求，向上游企业采购原材料、半成品等，组织生产、销售的企业，我们称之为制造商。供应链系统中的制造商具有以下特征。

（1）制造商是以盈利为目的的经济组织。制造企业作为经济组织，必须追求经济效益并获取盈利，盈利是企业生产经营活动取得成果的体现，也是企业生存和发展的基础，它有别于政权组织的公安、检察、法院，有别于机关，还有别于事业单位的学校、医院等。

（2）制造商是从事工业生产经营活动或提供工业性劳务的经济组织。

（3）制造商是自主经营、自负盈亏、独立核算的商品生产者和经营者。制造企业作为经济组织，必须拥有一定的人力、物力、财力资源，还必须拥有充分的独立经营自主权，包括资产的处置权和产品的生产销售权等。在计划经济体制下，企业只是国家财政部门的附属物，不是真正意义上的企业。在市场经济条件下，企业必须是商品的生产者和经营者，是市场交换的主体。

（4）制造商是具有法人资格的经济实体。制造企业作为依法成立的具有法人资格的经济实体，必须完备三个法律程序：①必须正式在国家工商管理部门注册备案；②必须有特定的名称、固定的经营场所、一定的资金、一定的组织机构和企业章程；③能独立对外行使法定权利和承担法律义务。这就是制造企业作为法人单位，其合法权益受到法律保护，并能直接承担经营活动中的法律责任。

制造商还需要考虑，其作为供应链系统中的一员，不仅是一个独立的个体企业，有着自己的决策运营权利，同时还是供应链整体的一部分，有时候就需要考虑供应链整体的利益，从而牺牲自身的一点个人利益。

【实训目的与要求】

本实训的目的是加深学生对制造商的理解与认识，掌握制造商管理的目标，通过自己动手录入制造商的相关企业信息，并对制造商生产过程中的一些基本信息、实训操作等实训处理，从而更全面、细致地掌握产品生产过程中供应链系统的供应商相关信息。具体要求如下。

（1）掌握制造商产品生产过程中的相关信息及实训操作。

（2）掌握某一条供应链上的制造商承担的角色不同，其为满足下游企业的订货所进行生产过程中不同环节应该注意的相关事项。

（3）进一步熟悉上下游企业的物流从属关系。

（4）增强学生的动手与实训操作能力，熟悉不同产品背景下制造商信息管理的环节要点。

【实训内容】

1. 生产企业角色

进入系统根据模拟数据的要求点击"生产企业"录入系统中核心角色信息"中国×××集团"，具体如图 3.1 所示。

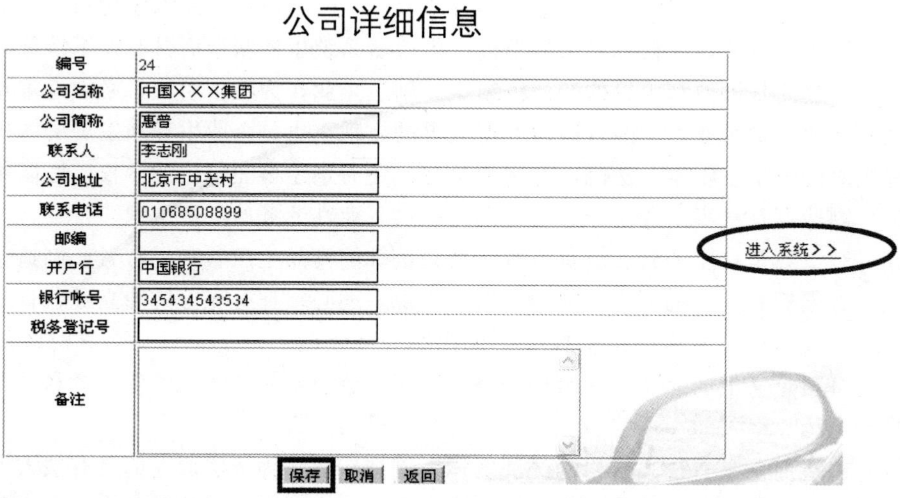

图 3.1　生产企业公司信息界面

2. 产品种类信息

生产企业角色建立后单击"进入系统"，在【基础资料】模块中的【产品种类】项中单击"新增"，录入相关信息（打印机）后单击"保存"，如图 3.2（a）所示。单击"查询"就可以看到刚刚输入的内容，如图 3.2（b）所示。

产品种类详细信息

种类序号	
种类名称	打印机
状态	正常
产品描述	

[保存] [取消] [删除] [返回]

(a)

产品种类信息管理

种类名称 [　　　] [查询]

种类序号	种类编号	种类名称	描述	状态
9	9	打印机		1

数据源共有 1 笔数据记录,当前为第1页,共1页　　第一页　上一页　下一页　最后一页

[新增] [返回] [刷新]

(b)

图 3.2　产品种类信息管理界面

（1）产品信息录入。在生产企业【基础资料】模块中的【产品信息】项中单击"新增",录入相关产品信息（HP 喷墨打印机）后单击"保存",如图 3.3（a）所示。单击"查询"就可以看到刚刚输入的内容,如图 3.3（b）所示。

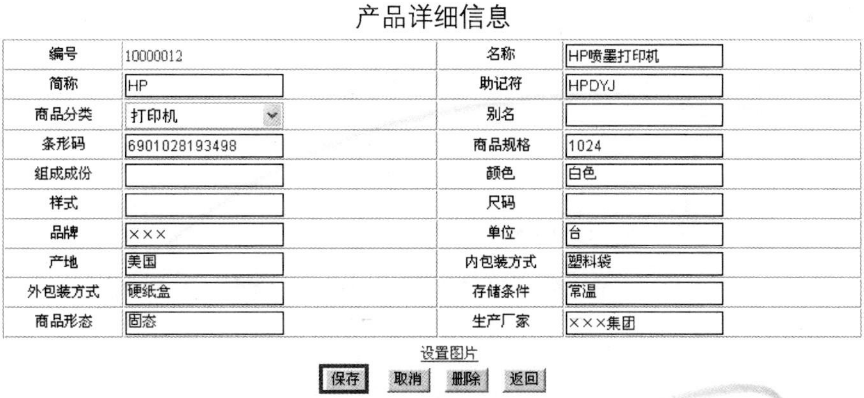

产品详细信息

编号	10000012	名称	HP喷墨打印机
简称	HP	助记符	HPDYJ
商品分类	打印机	别名	
条形码	6901028193498	商品规格	1024
组成成份		颜色	白色
样式		尺码	
品牌	×××	单位	台
产地	美国	内包装方式	塑料袋
外包装方式	硬纸盒	存储条件	常温
商品形态	固态	生产厂家	×××集团

设置图片
[保存] [取消] [删除] [返回]

(a)

产品信息管理

商品名称 [　　　] [查询]

商品编号	商品名称	商品分类	条形码	品牌	单位	产地
10000014	HP喷墨打印机	打印机	6901028193498	×××	台	美国

数据源共有 1 笔数据记录,当前为第1页,共1页　　第一页　上一页　下一页　最后一页

[新增] [返回] [刷新]

(b)

图 3.3　产品信息管理界面

（2）原材料种类录入。在生产企业【基础资料】模块中的【原材料种类】项中单击"新增"，录入相关原材料种类信息（内置配件、外置配件）后，单击"保存"，如图 3.4（a）所示。单击"查询"就可以看到刚刚输入的内容，如图 3.4（b）所示。

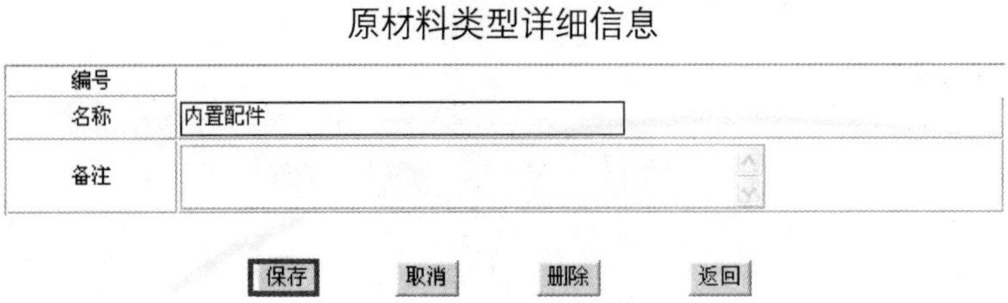

原材料类型详细信息

（a）

原材料类型信息管理

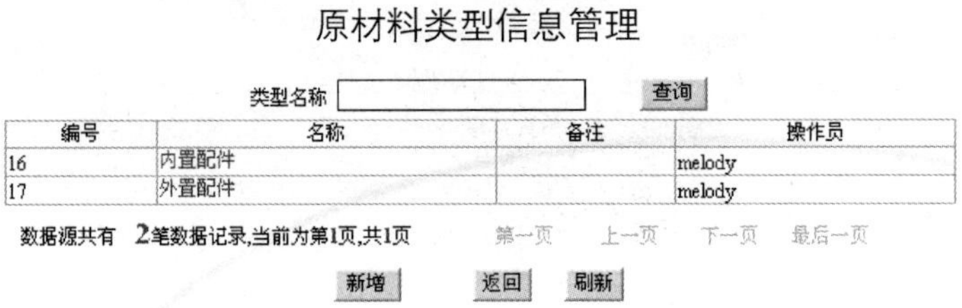

（b）

图 3.4　原材料类型管理界面

（3）计量单位录入。在生产企业【基础资料】模块中的【计量单位】项中单击"新增"，录入相关计量单位信息（台、个、块、根、捆）后，单击"保存"，如图 3.5（a）所示。单击"查询"就可以看到刚刚输入的内容，如图 3.5（b）所示。

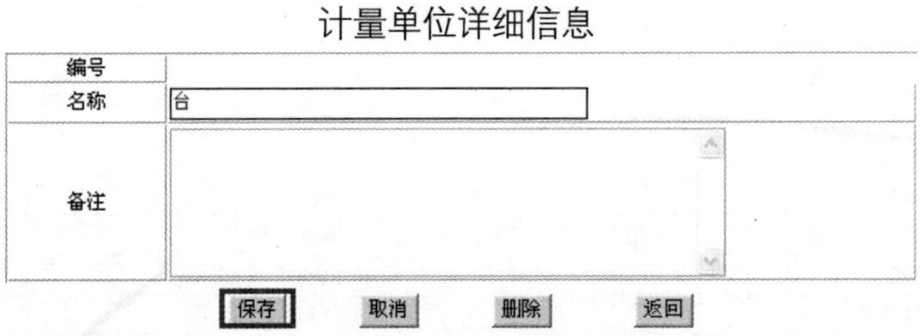

计量单位详细信息

（a）

计量单位信息管理

（b）

图 3.5　计量单位信息管理界面

（4）原材料信息录入。在生产企业【基础资料】模块中的【原材料信息】项中单击"新增"，录入相关原材料信息（打印头驱动板、程序集成电路板、打印电路板、电缆、机箱）后，单击"保存"，如图 3.6（a）所示。单击"查询"就可以看到刚刚输入的内容，如图 3.6（b）所示。

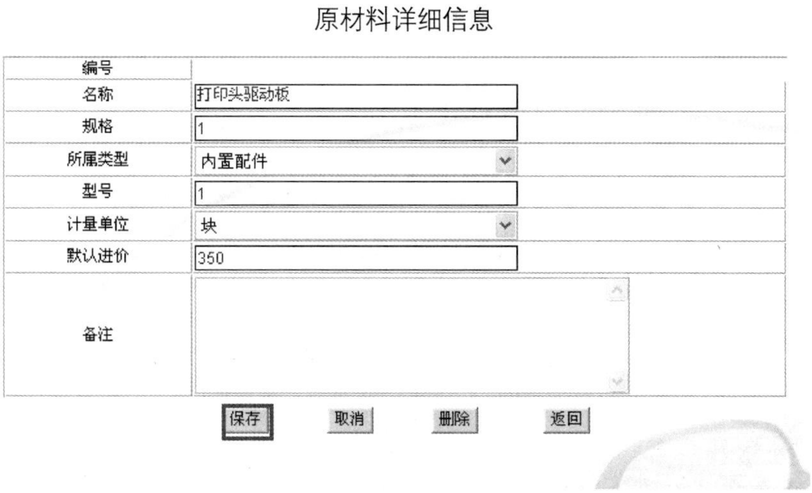

原材料详细信息

（a）

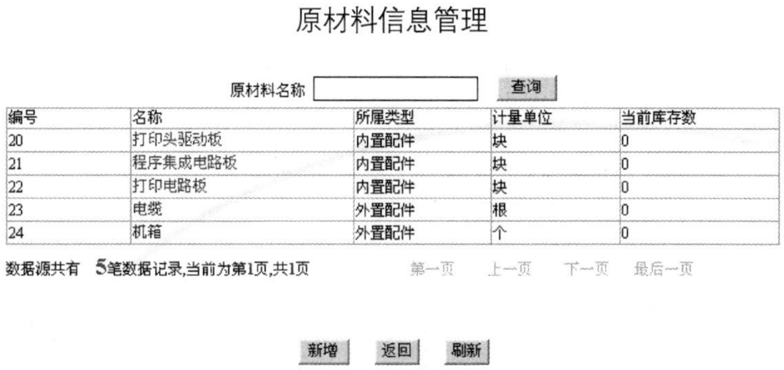

原材料信息管理

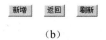

（b）

图 3.6　原材料信息管理界面

（5）产品配料信息录入。在生产企业【基础资料】模块中的【产品配料信息】项中单击"新增"，定义相关产品的配料信息（在"HP 喷墨打印机"下增加打印头驱动板、程序集成电路板、打印电路板、电缆、机箱的配料信息）后，单击"保存"。如图 3.7 所示。

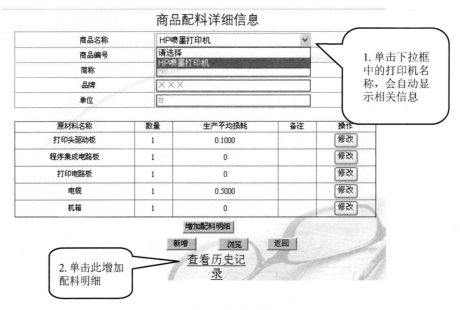

图 3.7　产品配料信息管理界面

3. 其他附属信息

(1) 生产车间录入。在生产企业【基础资料】模块中的【生产车间】项中单击"新增"，录入相关车间信息（一车间、二车间）后单击"保存"，如图 3.8（a）所示。录入完成后，可以查看相关生产车间信息，如图 3.8（b）所示。

图 3.8　生产车间管理界面

(2)车间流水线信息录入。在生产企业【基础资料】模块中的【车间流水线信息】项中单击"新增",录入相关车间流水线信息(流水一线、流水二线)后,单击"保存",如图 3.9 所示。

图 3.9　车间流水线信息管理界面

(3)流水线加工台信息录入。在生产企业【基础资料】模块中的【流水线加工台信息】项中单击"新增",录入相关流水线加工台信息(加工台一、加工台二)后,单击"保存",如图 3.10(a)所示。录入完成后,可以查看相关流水线加工台信息,如图 3.10(b)所示。

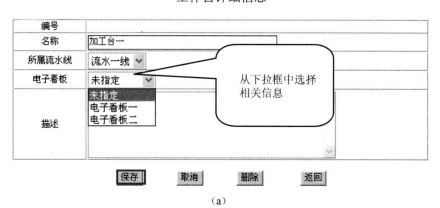

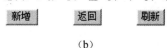

图 3.10　流水线加工台信息管理界面

(4) 电子看板信息录入。在生产企业【基础资料】模块中的【电子看板信息】项中单击"新增"后，如图3.11（a）所示。录入相关电子看板信息（电子看板一、电子看板二）后，单击"保存"后，如图3.11（b）所示。

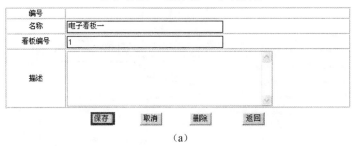

图 3.11　电子看板（或脚踏）信息管理界面

(5) 库位信息录入。在生产企业【基础资料】模块中的【库位信息】项中单击"新增"，如图3.12（a）所示。录入相关库位信息（原材料库、成品库、不合格品库）后，单击"保存"，如图3.12（b）所示。

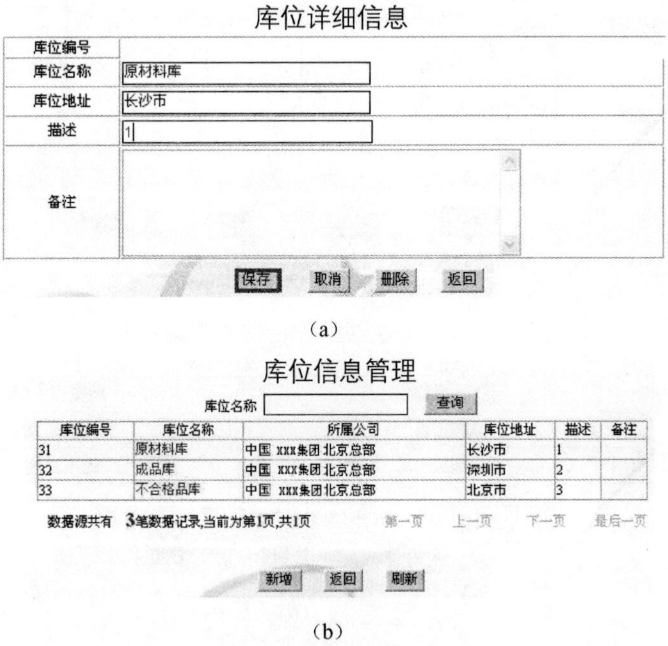

图 3.12　库位信息管理界面

(6) 仓库货架设置录入。在生产企业【基础资料】模块中的【仓库货架设置】项中单击"新增",输入相关仓库货架信息(所属仓库:原材料库,区号:L1,列数:10,层数:5,起始列号:1,货位类型:立体货架,货物类型:原材料)后,单击"保存",如图 3.13 所示。

货位设置详细信息

图 3.13 仓库货架设置信息管理界面

(7) 产品销售价格录入。在生产企业【产品销售】模块中的【产品销售价格】项,单击"查询",如图 3.14(a)所示。录入价格后,单击"录入",如图 3.14(b)所示。

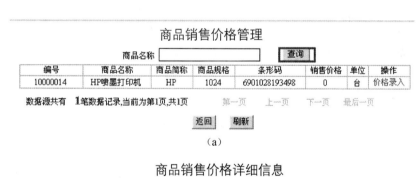

(a)

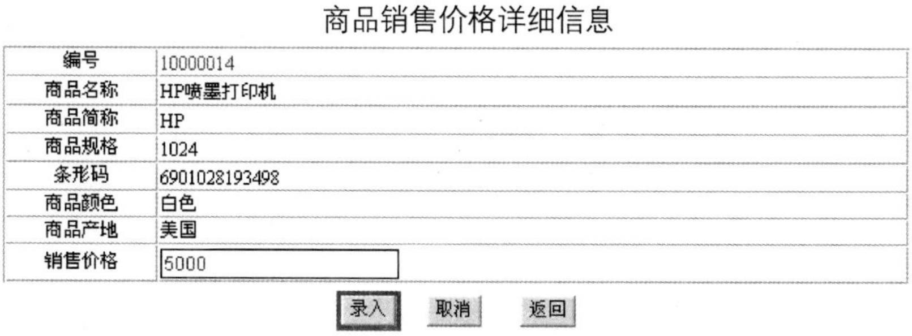

(b)

图 3.14 产品销售价格录入界面

【实训总结】

实训结束后,学生对模拟实训进行总结,重新选取新的制造商及相应的基础信息录入,编写出实训报告。

实训报告包括如下内容。

(1) 实训的目的。

(2) 实训的要求。

(3) 实训的内容。

(4) 本次实训过程中取得的主要收获和体会。

【思考题】

(1) 如何设计制造商生产车间中的看板信息?

(2) 制造商生产过程中如何检验原材料收货单与订货单的一致性?

(3) 同一条供应链中是不是只有单一的原材料供应商?

实训四　零售商基础信息录入

【基础知识】

零售商指将商品直接销售给最终消费者的中间商,是分销渠道的最终环节,处于商品流通的最终阶段。基本任务是直接为最终消费者服务,职能包括购、销、调、存、加工、拆零、分包、传递信息、提供销售服务等,在地点、时间与服务等方面方便消费者购买。零售商又是联系生产企业、批发商与消费者的桥梁,在分销途径中具有重要作用。零售商业种类繁多、经营方式变化快,构成了多样的、动态的零售分销系统,具体包括零售商店、无店铺零售、联合零售和零售新业态四种形式。

而零售业是通路中的"最后一关",厂商在研发、制造、广告等各方面的成果都在这关具体呈现,被消费者检视,另外厂商之间也在这里分出高下。同时,在所有通路成员中,零售业与消费者的互动最为密切,是影响消费者生活品质最重要的环节。面对个人消费者市场,零售商是分销渠道系统的终端,直接联结消费者,完成产品最终实现价值的任务。零售商业对整个国民经济的发展起着重要的作用。

【实训目的与要求】

本实训的目的是加深学生对零售商的理解与认识,掌握零售商管理的目标,通过自己动手录入零售商的相关企业信息,并对零售商销售过程中的一些基本信息、实际操作等的实训处理,从而更全面、细致地掌握产品销售过程中供应链系统的零售商相关信息。具体有如下要求。

(1) 掌握零售商产品销售过程中的相关信息及实训操作。

(2) 某一条供应链上零售商承担的角色不同,掌握其为满足终端用户的订货所进行销售过程中不同环节应该注意的相关事项。

(3) 进一步熟悉零售商与下游客户的物流从属关系。

(4) 增强学生的实际操作能力,熟悉不同产品销售中零售商信息管理的要点。

【实训内容】

1. 销售公司信息

进入【销售公司】,单击"新增",录入模拟数据相关销售公司的角色信息(华中销售部）后，单击"保存"。如图 4.1 所示。

销售公司详细信息

编号	33
公司名称	华中销售部
公司简称	华中
联系人	吴祥
公司地址	长沙市雨花区人民南路2号
联系电话	（0731）84619752
邮编	410000
开户行	商业银行
银行账号	65479243
税务登记号	
备注	

[保存] [取消] [删除] [返回]

图 4.1　销售公司信息管理界面

2. 附属信息录入

（1）库位信息录入。单击"销售公司"，单击"进入系统"，打开【基础资料】模块中的【销售公司信息】项，如图 4.2（a）所示。单击"新增"，录入销售公司的仓库信息后，单击"保存"，如图 4.2（b）所示。

(a)

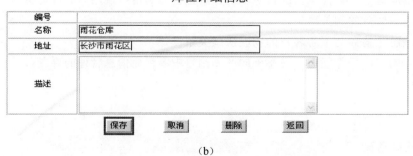

(b)

图 4.2　库位信息管理界面

（2）商品价格设置录入。进入销售公司【财务管理】模块中的【商品价格设置】项，单击"新增"，录入产品的相关价格，单击"确认"，如图 4.3 所示。

图 4.3　商品价格管理界面

（3）批发商管理录入。进入销售系统中【批发管理】模块中的【批发商管理】项，单击"新增"，信息录入相关批发商信息后，单击"确认"，如图 4.4 所示。

图 4.4　批发商信息管理界面

【实训总结】

实训结束后，学生对模拟实训进行总结，重新选取新的零售商及相应的基础信息录入，编写出实训报告。

实训报告包括如下内容。

（1）实训的目的。

（2）实训的要求。

（3）实训的内容。

（4）本次实训过程中取得的主要收获和体会。

【思考题】

（1）如何设计零售商产品销售中的销售价格？

（2）零售商向上游订购产品时，如何获得上游制造商的交货信息？

（3）同一条供应链中是不是只有单一的产品零售商？

实训五　物流公司基础信息录入

【基础知识】

物流公司是从事物流活动,至少从事运输(含运输代理、货物快递)或仓储一种经营业务,并能够按照客户物流需求对运输、储存、装卸、包装、流通加工、配送等基本功能进行组织和管理,具有与自身业务相适应的信息管理系统,实行独立核算、独立承担民事责任的经济组织。其物流运输主要涉及公路运输、铁路运输、水路运输、航空运输和管道运输五种形式。

【实训目的与要求】

本实训的目的是加深学生对物流公司的理解与认识,掌握物流公司管理的目标,通过自己动手录入物流公司的相关企业信息,并对物流公司仓储、配送等过程中的一些基本信息、实训操作等实训处理,从而更全面、细致地掌握仓储、配送过程中供应链系统的物流公司相关信息。具体有如下要求。

(1) 掌握物流公司仓储、配送过程中的相关信息及实训操作。

(2) 一条供应链上的物流公司承担的不同角色,掌握其为满足终端用户的订货所进行仓储、配送等环节应该注意的相关事项。

(3) 进一步熟悉物流与下游客户的物流从属关系。

(4) 增强学生的实际操作能力,熟悉不同产品销售时物流公司信息管理的环节要点。

【实训内容】

1. 物流公司基本信息

(1) 物流公司录入。进入【物流公司】单击"新增",录入模拟数据中的相关物流公司角色信息后,单击"保存"。如图 5.1 所示。

物流公司详细信息

编号	
公司名称	现代物流配送中心
公司简称	现代物流
联系人	罗苍生
公司地址	长沙市岳麓区车站南路123号
联系电话	（0731）84796512
邮编	410020
开户行	长沙农村银行
银行账号	65797464
税务登记号	
备注	

保存　取消　删除　返回

图 5.1　物流公司信息管理界面

（2）包装信息录入。进入物流公司系统，打开【基础资料】模块中的【物流公司信息】项，如图 5.2（a）所示。单击"新增"，录入相关包装信息后，单击"保存"，如图 5.2（b）所示。

物流公司信息

编号	公司名称	联系人	联系电话	操作
36	现代物流配送中心	罗苍生	（0731）84796512	进入系统

当前页：1　总共：1　第一页　上一页　下一页　最后页

新增　刷新

（a）

包装信息管理

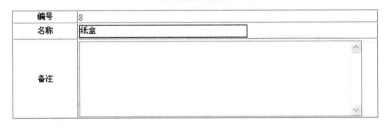

（b）

图 5.2　包装信息管理界面

（3）库位信息录入。打开【基础信息】模块中的【仓库详细信息】项，录入相关仓库数据并单击"保存"，如图 5.3 所示。

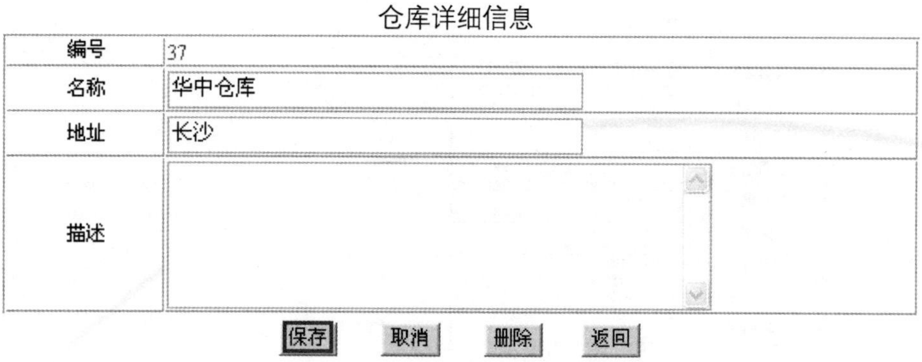

仓库详细信息

编号	37
名称	华中仓库
地址	长沙
描述	

[保存] [取消] [删除] [返回]

图 5.3　物流公司仓库管理界面

2. 物流公司运输信息

（1）车辆信息录入。打开【基础资料】模块中的【车辆信息】项，单击"新增"，录入相关车辆信息后，单击"保存"，如图 5.4 所示。

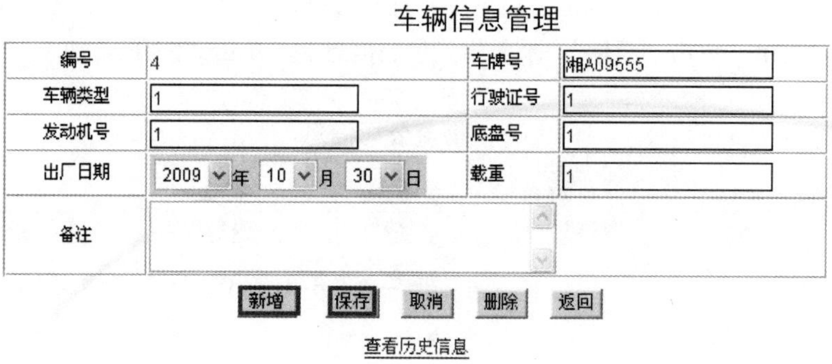

车辆信息管理

编号	4	车牌号	湘A09555
车辆类型	1	行驶证号	1
发动机号	1	底盘号	1
出厂日期	2009年10月30日	载重	1
备注			

[新增] [保存] [取消] [删除] [返回]

查看历史信息

图 5.4　物流公司车辆信息管理界面

（2）驾驶员信息录入。打开【基础资料】模块中的【驾驶员信息】项，单击"新增"，录入驾驶员信息后，单击"保存"，如图 5.5（a）所示。单击"查询"就可查看相关驾驶员信息，如图 5.5（b）所示。

驾驶员信息管理

编号	3	名称	张三
驾驶证号	1	拿证日期	2009年1月1日
身份证号	320981197505260698	备注	

[新增] [保存] [取消] [删除] [返回]

查看历史信息

(a)

图 5.5　物流公司驾驶员信息管理界面

编号	名称	驾驶证号	拿证日期	身份证号	物流公司	操作员
3	张三	1	2009-1-1 0:00:00	320981197505260698	现代物流配送中心	melody
4	王武	2	2008-10-1 0:00:00	430981198002150035	现代物流配送中心	melody
5	邱亮	3	2008-2-1 0:00:00	230645197808120056	现代物流配送中心	melody

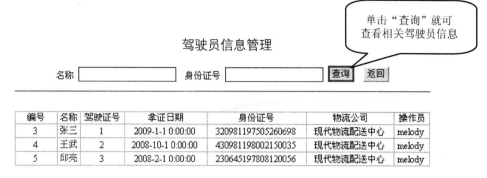

（b）

图 5.5　物流公司驾驶员信息管理界面（续）

（3）地点信息录入。打开【基础资料】模块中的【地点信息】项，单击“新增”，录入相关地点信息并单击“保存”，如图 5.6 所示。

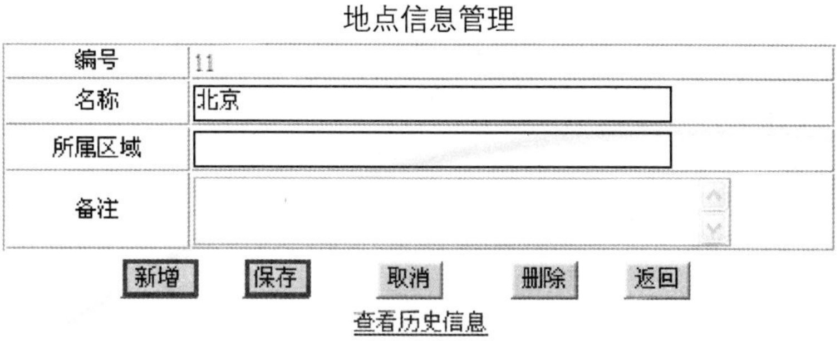

图 5.6　地点信息管理界面

（4）路线信息录入。打开【基础资料】模块中的【线路信息】项，单击“新增”，录入信息，单击“保存”。然后单击“增加明细信息”，再单击“保存”，如图 5.7 所示。

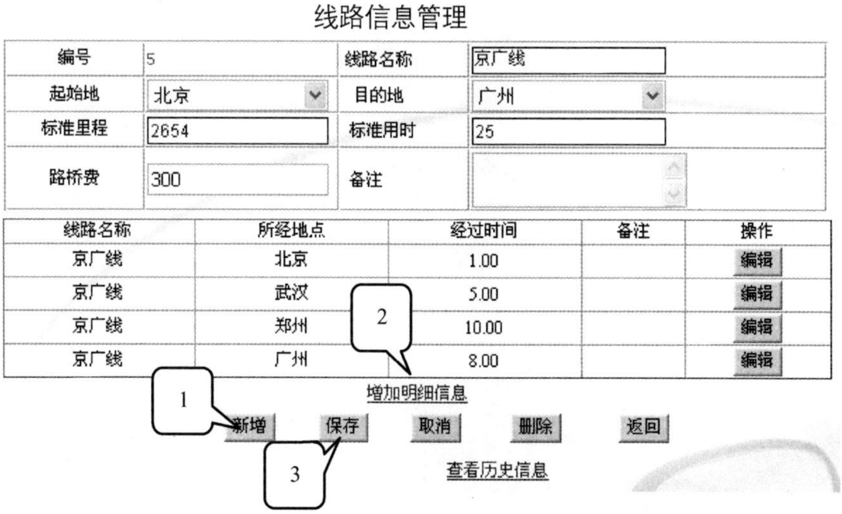

线路名称	所经地点	经过时间	备注	操作
京广线	北京	1.00		编辑
京广线	武汉	5.00		编辑
京广线	郑州	10.00		编辑
京广线	广州	8.00		编辑

图 5.7　配送线路管理界面

【实训总结】

实训结束后,学生对模拟实训进行总结,重新选取新的物流公司及相应的基础信息录入,编写出实训报告。

实训报告包括如下内容。

(1) 实训的目的。
(2) 实训的要求。
(3) 实训的内容。
(4) 本次实训过程中取得的主要收获和体会。

【思考题】

(1) 如何选取物流公司的配送路线?
(2) 物流公司在接单过程中如何检验货物的准确性?
(3) 同一条供应链中是不是只有单一的物流公司?

实训六　终端用户基础信息录入

【基础知识】

市场需求指一定的顾客在一定的地区、一定的时间、一定的市场营销环境和一定的市场营销计划下对某种商品或服务的意愿而且能够购买的数量,市场需求是消费者需求的总和。市场需求的构成要素有两个:一是消费者愿意购买,即有购买的欲望;二是消费者能够购买,即有支付能力,两者缺一不可。供应链围绕核心企业,通过对信息流、物流和资金流的控制,从采购原材料开始,制成中间产品以及最终产品,最后由零售网络把产品送到消费者手中,将供应商、制造商、零售商、物流公司和最终用户连成一个整体功能网链结构(如图6.1所示)。其中,最终用户或者消费者,我们也可称之为终端用户。

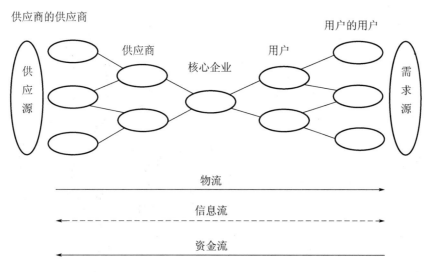

图6.1　供应链网状模型图中的需求源

影响需求的主要因素有:消费者偏好及个人收入,产品、替代产品及互补品的价格,消费预期等,当然还涉及如商品的品种、质量、广告宣传、地理位置、季节、国家政策等其他因素,但是上述所有影响因素中最关键的因素还是该商品本身的价格。在一般情况下,需求和价格的变动呈反方向变化,即商品价格提高,则消费者对它的购买量就会减少,反之亦然。价格与需求量之间这种呈反方向变化的关系,就叫需求规律。

之所以出现需求规律，是因为价格的变化具有两种效应：第一种效应是收入效应。任何商品价格的下降都等同于实际收入的提高，消费者用同样的金钱可以买到更多的这种商品。随着某种商品价格下降，其购买量就会上升。第二种效应是替代效应。在两种商品的组合中，当其中一种商品的价格下降时，消费者会增加对这种商品的购买而减少对另一种商品的购买，这使得某种商品价格的下降导致对其需求的增加。收入效应和替代效应的共同作用使得需求和价格呈反方向变化。

因此，完整的市场需求收集活动能够对终端客户完成市场需求收集活动确定并生成可能的产品包需求，为后续的分析、筛选和执行做准备。

【实训目的与要求】

本实训的目的是加深学生对市场需求（终端用户）的理解与认识，通过自己动手录入终端用户的相关信息，并对终端用户随机改变过程中的一些基本信息、实训操作等实训处理，从而更全面、细致地掌握供应链系统终端用户的相关信息。具体有如下要求。

（1）掌握终端用户的相关信息及实训操作。
（2）掌握某一条供应链上终端用户承担的角色在不同节点处应该注意的相关事项。
（3）进一步熟悉其与上游节点的物流从属关系。
（4）增强学生的实际操作能力，熟悉不同地区终端用户的测量方法。

【实训内容】

一、市场需求收集实训操作流程

1. 目的

市场需求收集活动确定并生成可能的产品包需求，为后续的分析、筛选和执行做准备。

2. 输入

需求可能来自各种内部和外部渠道，内部和外部渠道并不是互相独立的，来自外部渠道的需求由公司内部功能部门收集。之所以将这两个渠道区别开来，主要是为了明确外部渠道，强调使用面向市场和客户的方法来收集需求。

（1）外部渠道，如客户（现有的和潜在的客户）、行业分析、竞争对手、各种展览、专业媒体、技术论坛等。

（2）内部渠道即公司内部各部门，例如管理层、研发团队、产品策划小组、产品行销小组、销售团队、计划商务团队、系统支持团队等。

3. 活动

收集活动应采用市场和客户驱动的方法，生成高价值的客户需求。收集活动不单只是一个步骤或活动，它包括了公司各组织日常进行的一系列活动。文档后面详细介绍了收集需求的10种方法。具体流程见表 6-1。

表 6-1 市场需求收集流程

	开始点： 从内部和外部收集需求	目的： 收集活动主要是从内部和外部收集高价值的产品需求	结束点： 为后续分析将可能的产品包需求文档化
流程	输入： 外部信息 内部信息 提供者： 外部渠道 　客户 　行业分析 　竞争对手 　各种展览 　专业媒体 　技术论坛 内部渠道 　公司各部门	活动： （收集客户需求的主要活动） 客户简报 研发高层交流 解决方案团队 标杆 试验局 客服高层交流 支持热线 展会与行业会议 客户满意度	输出： 归档的产品需求，参考需求收集模板 客户： 收集组织中的过滤人员
IT工具		信息技术	

4. 输出

收集活动输出的市场需求。在市场需求传递过程中，研发管理（Research & Development Management，RDM）系统起到非常重要的支撑作用，因此，需求的输出应在 RDM 系统中进行记录和处理。虽然可以从各种外部和内部渠道收集需求，但重点要关注于从客户处收集需求，即第一手资料。

二、市场需求收集方法

下面提供客户需求收集的 10 种方法，其中有直接方法和间接方法。如图 6.2 所示。

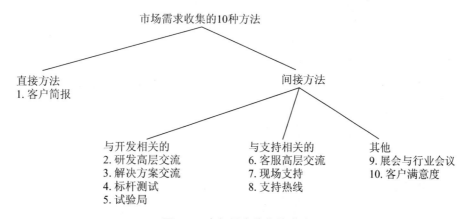

图 6.2 市场需求收集的方法

1. 直接方法

直接方法指那些主要目的就是获得需求的客户沟通。

2. 间接方法

间接方法指有其他主要目的，但是可以从中提炼出客户需求的客户沟通。间接方法又可以分成以下3小类。

（1）与开发相关的：这些方法与开发周期或提高开发能力相关。

（2）与支持相关的：可以通过客户支持交流提炼客户需求。

（3）其他：可以通过各种客户交流提炼客户需求。

3. 收集客户需求方法介绍

（1）客户简报。

① 方法介绍。利用客户简报与最大/最好的客户尽量在产品开发活动的早期分享信息。该活动一般情况下归属到某产品（或产品线）的营销活动。从需求收集的角度来看，主要目的是获得产品包需求的早期反馈和早期验证，产品包需求（如产品功能）的调整在开发周期中出现得越晚，代价就越高。因此，客户简报可以及时向开发团队提供输入，改进产品包需求与客户需要间的结合。

② 产品与时间范围。该方法主要适用于产品的当前版本/型号。它也有可能获得未来产品需求。

③ 优势。客户简报的主要优势是能够在开发早期与主要客户验证产品包需求。验证流程接着也会调整或形成新的需求。

④ 不足。客户简报的目的是在开发早期获得反馈。客户简报的重点总的来说会与正在开发的版本相关，要尽量避免增加客户工作量，以及泄露公司开发意图。

（2）研发高层交流。

① 方法介绍。研发高层交流要求客户方的高层参加，从他们那里获得未来产品计划的输入信息。良好的客户关系在该方法中十分重要，虽然关系的建立以及相互交流都是在高层领导之间进行的，但是交流本身更关注于技术，而且双方会共享当前与未来的需要和计划。

研发高层交流主要特色有：A. 由经验丰富的高层技术人员担任公司和客户间产品开发的技术接口人；B. 客户方派出一个高层技术人员作为客户方接口人。

通过整个开发流程的这种紧密接触，公司和客户建立互利关系。公司获得：客户对产品计划和产品需求的反馈；客户如何使用产品的第一手信息。客户获得：提前获取产品计划和交付件信息，赢得为新产品做准备的时间。

研发高层是了解客户需求的特殊职位，他们可以确保研发流程中有合适的级别代表客户需求，研发高层最直接的交流方法是代表客户直接在需求数据库中输入需求。

② 产品与时间范围。该方法通常用于当前版本的需求收集。范围覆盖短期到长期需求。

③ 优势。利用良好的客户关系来获得高价值的需求。所选客户可以对一个或多个产品在开发的各个阶段提供具有价值的反馈。在早期收集和验证需求可以减少漏掉重要需求或开发过程中的变更。

④ 不足。研发高层交流更多的是在技术领域的运作。公司高层和技术人员都要参加，而且公司要承诺保证有效的双向需要及计划交流。此外，因为客户可能会低估需求的复杂程度并要求提早交付产品订购的市场需求数量，所以需要对客户的期望进行合适的管理。

(3) 解决方案交流。

① 方法介绍。解决方案团队交流的目的是与主要业务伙伴或者客户一起制定解决方案，范围超越产品本身，更加贴近客户需要。解决方案团队交流的主要目的主要有：A. 确保公司关注客户需要；B. 对未来解决方案的前瞻；C. 确保公司与所选解决方案合作方的成功；D. 解决跨公司、跨产品的深层次集成问题。

② 产品与时间范围。该方法通常用于收集未来版本的需求。

③ 优势。该方法利用与其他公司的业务伙伴关系来改进客户需求收集。因为考虑的是完成的解决方案，该方法拓宽了对客户需求理解的视野（与单一产品考虑或单点解决方案相比）。

④ 不足。该方法的主要目的是建立战略业务伙伴关系或提升开发能力。收集客户需求并不是其主要目的。

(4) 标杆测试。

① 方法介绍。用标杆来评估产品性能，并按照业界/客户认可的性能标准来与竞争对手进行对比，表明产品是否符合客户的基本需求，以及产品与竞争对手相比的优劣。如果标杆需求改变，应马上通知所有相关产品。产品团队得知有其他哪些产品团队采用类似的标杆，就可以共享信息以确保在开发过程中有效处理标杆。

② 产品与时间范围。标杆测试主要适用于时间范围短期和中期的当前版本。

③ 优势。标杆测试有助于根据业界标准衡量产品，并反映出竞争定位情况。因此，它可以帮助测试是否满足必须满足的性能要求。

④ 不足。标杆测试要看有没有可用的业界标准，以及客户是否接受这些标准。标杆测试的结果要输送给产品团队，并可用于未来的规划。

(5) 试验局。

① 方法介绍。试验局的目的是从关系客户处获得反馈，并让他们从该活动中收益。客户使用产品的早期版本并提供反馈（规范的与非规范的），以便在产品正式发布之前发现问题。

试验局需求收集表要包括以下内容。

A. 基本信息。

姓名、联络信息、公司名称、职务、岗位描述。

B. 需求信息。

您是否希望在产品中添加一些该产品没有但您希望该产品能够拥有的特性或功能？

如果产品不得不放弃现有的特性或功能才能采纳您的建议，您将如何选择？

② 产品与时间范围。试验局适用于当前版本的短期需求。

③ 优势。通过试验局从所选客户那里获得对早期产品的反馈。如果执行得当，它可以验证需求及需求执行情况，并据此确定补救措施（在当前版本或未来版本）。

④ 不足。试验局的目的是在所选客户实训操作环境下测试早期的产品。通常情况下，重点是测试和找问题，而不是客户需求的收集。

(6) 客服高层交流。

① 方法介绍。客服高层交流的目的是从客户服务的角度建立与客户的关系，向最大/最好的客户提供技术支持与服务，双方客服高层领导都要参与。为了保证能够提供高水平的服务，要确定一个单一的接口人。产品包需求的收集并不是该活动的首要目的，不过，通过它可以获得对当前版本，以及对未来版本潜在的支持需求。

通过这种在客户环境下的亲密接触，客户服务团队可以改进客户关系，客户服务的关注点应该超越对问题的解决，客户代表可以更好地站在客户的角度考虑产品的可维护性需求。

② 产品与时间范围。客服高层交流适用于当前版本，关注短期和中期支持需求（包括可服务性和可维护性需求）。

③ 优势。客服高层交流提供了从客户高层获得支持需求的一种方法。它使正常的实训操作层/低一层交流得到了加强。

④ 不足。客服高层交流的重点是提供主动的技术支持和提高客户满意度。需求收集并不是其关注的重点。

（7）现场支持。

① 方法介绍。现场支持方法将客服工程师（有时是研发工程师）派到客户驻地，提供技术支援，一旦出现技术问题，可以马上解决。其目的是提高客户满意度和忠诚度。并且可在与客户交流时，及时获得支持需求。

与客服高层支持类似，现场支持是公司用于确保选定的客户获取他们所需要的支持水平的一种方法。也是公司超越对问题的解决，定义支持需求，寻求积极解决方案，避免以后问题继续出现的一个方法。现场支持代表根据自己在客户方的现场经验，可以对跨产品需求，特别是公司产品间及公司产品与竞争产品间兼容性有关的需求提出建设性意见。

② 产品与时间范围。现场支持适用于当前版本，重点是短期支持需求。

③ 优势。有可能通过现场支持活动，收集到有关支持方面的客户需求。这取决于双方支持人员的交流情况。

④ 不足。客户需求收集不是现场支持的首要目的，所收集到的更多是针对问题的需求。

（8）支持热线。

① 方法介绍。支持热线提供了一种简便且系统的方法来管理客户的要求并跟踪至问题获得解决。支持热线并不是产品包需求的主要来源，但是通过分析反馈问题记录，可以获知客户需求。

② 产品与时间范围。支持热线适用于当前版本，关注于短期的支持需求。

③ 优势。通过支持热线接收来自客户的查询与问题解答要求，可以对来电反馈问题进行分析，确定客户需求。

④ 不足。客户来电通常都是来自客户实训操作层的。客户来电多是技术与实训操作问题。根据客户情况不同，需求通常是非常具体的，是否在客户群中具有共性，还有待进一步求证。

（9）展会与行业会议。

① 方法介绍。参加展会与行业会议有助于获得业界的认知，提高信誉，吸引新的客户。它提供了与客户交流、收集业界与竞争对手情报的机会。

如果公司有人出席会议，会后要提交参会报告，并发给各相关部门。新需求建议应该是汇报中的一部分，包括以下信息。

A. 需求。

B. 详细情况。

C. 重要程度（高、中、低）。

D. 时间范围（短期、中期、长期）。

E. 用于什么产品、产品线，或其他范畴？

F. 该需求能给客户带来什么利益？

G. 哪类客户有这种需求？

H. 客户类别、提出人岗位、职位。

② 产品与时间范围。会议适用于当前及未来版本，可以获得中长期需求。

③ 优势。会议是获得客户需求的一种间接方式。具体来说，它为吸引新客户、会后交往提供了机会。

④ 不足。参加会议属于整个营销活动的一部分，重点在于提高知名度和信誉，获得业界最新消息，收集竞争对手情报。获得客户需求并不是其关注的重点。

（10）客户满意度。

① 方法介绍。通过客户满意度调查来获取客户对公司产品质量、服务、品牌、价格等方面的评价情况，确定竞争中的优劣势。一般指定第三方来收集客户对本公司及竞争对手的反馈意见。各业务部门利用这些调查结果来确定行动计划与未来计划。

从需求收集的角度来看，客户调查从公司层面提供宏观的输入。有关产品层面具体需求的书面反馈（如果有的话）收集后，输送到产品线，采取进一步的行动。

② 产品与时间范围。客户满意度调查适用于当前版本，可以获得短期到中期的需求。

③ 优势。客户满意度调查覆盖了很广的客户，因此，如果设计合理，能够为公司绩效与竞争绩效提供系统的衡量。调查结果对公司与业务部门的规划都非常有用。

④ 不足。客户满意度调查从公司整体角度获得宏观的输入，对产品级的反馈较少。

（11）10 种客户需求收集方法的总结（见表 6-2）。

表 6-2 客户需求 10 种收集方法

序号	方法	方法介绍	类别	产品范围	时间范围	相对价值
1	客户简报	利用客户简报与最大/最好的客户尽量在产品开发流程的早期分享信息。该活动一般情况下归属到某产品（或产品线）的营销活动 从需求收集的角度来看，主要目的是获得产品包的早期反馈与早期验证	直接	当前与未来版本	短期	高
2	研发高层交流	研发高层交流要求客户方的高层参加，从他们那里获得未来产品计划的输入信息。良好的客户关系在该方法中十分重要。虽然关系的建立以及相互交流都是在高层领导级别执行的，但是交流本身更关注于技术，而且双方会共享当前与未来的需要和计划	间接	未来版本	短期到长期	高
3	解决方案团队	解决方案团队的目的是与主要业务伙伴一起制定解决方案，范围超越产品本身，更加贴近客户需要。解决方案团队的主要目的是： ● 确保公司关注客户需要 ● 对未来解决方案的前瞻 ● 确保公司与所选解决方案合作方的成功 ● 解决跨公司、跨产品的深层次集成问题	间接	未来版本	中长期	高

(续)

序号	方法	方法介绍	类别	产品范围	时间范围	相对价值
4	标杆	用标杆来评估产品性能,并按照业界/客户认可的性能标准衡量,来与竞争对手进行对比。性能表明产品是否符合客户的基本需求,以及产品与竞争对手相比的好坏	间接	当前版本	中期	低
5	试验局	试验局的目的是从关系客户处获得反馈,并让他们从该活动中收益。客户使用产品的早期版本并提供反馈(规范的与非规范的),可以在产品正式发布之前发现问题	间接	当前版本	短期	中等
6	客服高层交流	客服高层交流的目的是从客户服务的角度建立与客户的关系。向最大/最好的客户提供技术支持与服务。双方客服高层领导都要参与。为了保证能够提供高水平的服务,要确定一个单一的接口人。产品包需求的收集并不是该活动的首要目的。不过,通过它可以获得对当前版本,以及对未来版本潜在的支持需求	间接	当前版本	中短期	中等
7	现场支持	现场支持方法将客服工程师(有时是研发工程师)派到客户驻地,提供技术支援,一旦出现技术问题,可以马上解决。其目的是提高客户满意度和忠诚度。在与客户交流中,可以获得支持需求	间接	当前版本	短期	中等
8	支持热线	支持热线提供了一种简便且系统的方法来管理客户的要求并跟踪至问题获得解决。支持热线并不是产品包需求的主要来源,但是通过分析来电记录,可以获得客户需求	间接	当前版本	短期	中等
9	展会与行业会议	参加展会与行业会议有助于获得业界的认知,提高信誉,吸引新的客户。它提供了与客户交流,收集业界与竞争对手情报的机会	间接	当前与未来版本	中期	低
10	客户满意度	通过客户满意度调查来获取客户对公司产品质量、服务、品牌、价格等方面的评价情况,确定竞争中的优劣势。一般指定第三方来收集客户对本公司及竞争对手的反馈意见。各业务部门利用这些调查结果来确定行动计划与未来计划	间接	当前版本	中短期	中等

注:相对价值仅仅是就对客户需求收集的贡献而言。

10 种方法有不同的时间范围和产品范围，表 6-3 总结了它们的区别。

表 6-3　客户需求 10 种收集方法的区别

方　　法	时间范围			产品范围	
	短期	中期	长期	当前产品	未来产品
客户简报	√			√	√
研发高层交流	√	√	√		√
解决方案交流		√	√		√
标杆		√		√	
试验局	√			√	
客服高层交流	√	√		√	
现场支持	√			√	
支持热线	√			√	
展会与行业会议		√		√	√
客户满意度	√	√		√	

三、需求角色及职责

根据市场需求收集流程，设置需求收集人员、需求管理员、产品经理、评审组四个角色。在收集活动中，公司通过内部和外部各种渠道确定可能的需求。需求收集工作不是某个部门的工作，公司所有部门都应积极参与。每位公司员工都应在工作中注意收集潜在需求，其中也包括公司的高层领导所参与的各种与客户接触的活动。

需求收集的渠道越多越好，包括公司内部和客户的需求，公司会应用计算机网络系统来管理这些需求；业内有一些公司在进行市场需求收集时，初期采用行政规定的方法，也是可以借鉴的，比如规定根据需求收集工作对公司的贡献大小，给予一定的物质或现金奖励。

1. 需求收集人员

（1）角色定义。需求收集人员原则上由公司所有人员参与，包括公司管理层、研发团队、产品策划小组、产品行销小组、销售团队、计划商务团队和系统支持团队。

（2）主要职责。灵活利用需求收集方法，收集内部和外部需求，并且及时录入 RDM 系统，收集内容详见《市场需求收集模板》（表 6-4）。如果无法及时录入 RDM 系统，需求收集人员可以将市场需求收集表发邮件给需求管理员，由需求管理员录入 RDM 系统。

表6-4 市场需求收集模板

市场需求卡〔___年___月___日〕

需求编号：	需求类型：
来源：	
场景：	
描述：	
原因：	
验收标准：	需求重复性权重： 1. 满足后 2. 未实现
需求生命特征：	需求关联：
参考材料：	竞争者对比：

2. 需求管理员

(1) 角色定义。产品部设立需求管理员的角色，前期由产品助理兼任，后期可以设立专门的需求管理员角色。

(2) 主要职责。①负责初步整理市场需求，并且根据市场需求收集表录入RDM系统。②负责每月统计各个部门需求收集情况，每月进行排名并公布，结果可用于部门及个人例行考核。

3. 产品经理

(1) 角色定义。产品经理角色由公司的产品策划小组人员承担，各产品经理负责所辖产品线的需求分析和筛选。

(2) 主要职责。负责所辖产品线市场需求分析和筛选，如果分析和筛选未通过，将市场需求归档到市场需求回收站；如果分析和筛选通过，产品经理根据市场优先级、需求的重要度、是否新需求等评估是否提交产品需求评审组进行评审，并且分发市场需求信息给有关部门。

4. 评审组

(1) 角色定义。评审组主要由产品立项委员会人员组成，产品部根据市场优先级、需求重要度提交评审组进行评审，评审流程在RDM系统中发起和完成。

(2) 主要职责。负责评审产品经理提交的市场需求，如果评审通过，则分发市场需求信息给有关部门；如果评审未通过，则将市场需求信息归档到市场需求回收站。

【实训总结】

实训结束后，学生对模拟实训进行总结，重新选取一个区域潜在消费者及相应的基础信息录入，编写出实训报告。

实训报告包括如下内容。
(1) 实训的目的。
(2) 实训的要求。
(3) 实训的内容。
(4) 本次实训过程中取得的主要收获和体会。

【思考题】

(1) 如何确定一个地区的潜在市场消费者？
(2) 不同区域消费者对同一产品的需求是否会有不同？为什么？
(3) 在收集市场需求时，终端用户可否是个人或集团？他们两者有什么区别？

单项管理实训篇

实训七　供应商管理

【基础知识】

　　供应商管理是对供应商的开发、选择、使用和评价等综合性管理工作的总称，是对企业生产所需各种资源的管理，是保证企业正常生产的基础，目前市场细分越来越明显，很多企业专注于产品的核心部件，而将大部分非核心部件外包，这就意味着现在竞争不但是市场的竞争，还有供应链的竞争，而供应商管理正是供应链管理的一个重要环节。因此供应商管理的好坏直接关系企业的长远发展。

　　如何寻找、选择确定符合公司战略的供应商特征，对所有供应商进行评估，可以将供应商分成交易型、战略型和大额型。供应商的评估与选择作为供应链正常运行的基础和前提条件，正成为企业间最热门的话题。选择供应商的标准有许多，根据时间的长短进行划分，可分为短期标准和长期标准。在确定选择供应商的标准时，一定要考虑短期标准和长期标准，把两者结合起来，才能使所选择的标准更全面，进而利用标准对供应商进行评价，最终寻找到理想的供应商。

　　但是，在报价相同及交货承诺相同的情况下，应首先选择那些企业形象好并有实力的供应商。如果这家供应商曾经给某些品牌企业提供过产品供应，并得到这些品牌企业的认可，则无疑会成为选择时的最好参考。否则，就不应选择该家供应商，比如，物流市场上，除了比较知名的物流品牌"一韵三通"（韵达、圆通、申通、中通）之外，还有众多较小的物流公司（天天快递、如风达等）。而往往较知名的品牌物流公司信誉较好，也可以避免相应的物品损失。

一、选择一定的供应商

　　许多企业对某些重要材料过于依赖唯一的供应商，导致供应商垄断供货并能左右采购价格，企业处于两难境地，因为更换供应商的成本太高。对于企业而言，要尽量避免出现这种情况。这就要求企业在采购同种材料时，尽可能多选择几家供应商进行比较并最终确定2~3家供应商。

二、避免缺乏科学的选择方法

　　目前，我国许多企业的管理制度不完善，缺乏科学的选择供应商的方法，致使在选择供应商时随意性较强，更多的是参考供应商提供的各类书面文字材料和自我介绍，以及在市场上的口碑，或凭个人主观臆想，选择供应商参与竞标；因此在选择供应商时，人为因素比较大。另外，在供应商的选择标准方面，目前企业的标准多集中在供应商的产品质量、价格、柔性、交货准时性、提前期和批量等方面，没有形成一个全面的供应商综合评价指标体系，不能对供应商做出全面、具体、客观的评价。

【实训目的与要求】

本实训的目的是加深学生对供应商管理的理解与认识，掌握供应商管理的目标，并对如何选择合适的供应商和供应商管理的流程进行实训操作，从而更全面、细致地掌握供应商管理的相关方法。具体有如下要求。

(1) 掌握以最小的库存实现有效的生产和销售，使采购、生产、发货计划与销售部门所建立的销售计划相匹配并实训操作。

(2) 掌握密切配合生产、销售和物流等不同环节应该注意的相关事项。

(3) 进一步熟悉改善采购计划流程，缩短信息流，这需要销售、生产计划的配合的原理。

(4) 增强学生的实际操作能力，熟悉供应链管理流程各环节的要点。

【实训内容】

一、制定供应商管理制度

(一) 总则

1. 制定目的

选择合格的供应商并对其进行持续监控，以确保其能为公司提供合格的产品与服务。

2. 适用范围

本程序适用于给公司提供产品和服务的所有供应商。

3. 权责范围

(1) 采购部、品质部、财务部负责对供应商进行评价。

(2) 采购部、品质部负责对供应商进行考核。

(3) 总经理负责合格供应商的审批工作。

(二) 合格供应商的标准

公司相关人员评价合格供应商时，应按照以下标准综合考虑。

(1) 供应商应有合法的经营许可证，应有必要的资金能力。

(2) 优先选择按国家标准建立质量体系并已通过认证的供应商。

(3) 对于关键原材料，应对供应商的生产能力与质量保证体系进行考察，其中包括下列五个方面的要求。

① 进料的检验是否严格。

② 生产过程的质量保证体系是否完善。

③ 出厂的检验是否符合我方要求。
④ 生产的配套设施、生产环境、生产设备是否完好。
⑤ 考察供应商的历史业绩及主要客户,其产品质量应长期稳定、合格、信誉较高,主要客户最好是知名的企业。

(4) 具有足够的生产能力,能满足本公司连续生产的需求及进一步扩大产量的需要。

(5) 能有效处理紧急订单。

(6) 有具体的售后服务措施,且令人满意。

(7) 同等价格择其优,同等质量择其廉,同价同质择其近。

(8) 样品通过试用且合格。

(三) 供应商的评价程序

1. 供应商初步评价

(1) 品质部、采购部、技术部及其他部门视企业实际需求寻找适合的供应商,同时收集多方面的资料,如以质量、服务、交货期、价格作为筛选的依据,并要求有合作意向的供应商填写"供应商基本资料表"(见表7-1)。

表 7-1 供应商基本资料表

供应商全称(加盖公章):					
通讯地址:			企业照片		
注册日期:					
注册资金:					
注册有效期:					
营业执照编号:					
组织机构代码:					
税务登记证号:					
开户银行:		银行账号:			
网址:		电子信箱:			
资产总额:	万元人民币	净资产:	万元人民币	去年销售总额:	万元人民币
固定资产总额:	万元人民币	流动资产:	万元人民币	厂房总面积:	平方米
主营范围:					
兼营范围:					
供货范围:					
法人代表:		电话:		传真:	
总经理:		电话:		员工人数:	
管理者代表:		电话:		管理者人数:	
销售负责人:		电话:		技术工艺人数:	
质量负责人:		电话:		质量管理人数:	

(续)

技术负责人：	电话：	检验员工人数：
生产负责人：	电话：	管理者月均工资：
财务负责人：	电话：	工人月均工资：
提供：营业执照 组织代码机构 税务登记证（复印件）		

（2）采购部对"供应商基本资料表"进行初步评审，挑选出值得进一步评审的供应商，召集本部门、品质部及技术部门相关人员对供应商进行现场评审。现场评审时使用"供应商现场评审表"（见表7-2）。

表7-2 供应商现场评审表

No._____

基本信息	供应商		评审时间	___年___月___日
	注册地址		主营产品	

资质评定	评定项目	评定结果	评定部门	签名
	《企业法人营业执照》	□完整有效 □无效 □无	采购组	
	《税务登记证》	□完整有效 □无效 □无		
	ISO 认证：_____	□完整有效 □无效 □无		
	其他：_____	□完整有效 □无效 □无		

项目		评定细则	分值	评分	实际情况说明	评定部门	签名
技术能力（20%）	开发能力	1. 有设计、开发主要产品的能力；2. 有一套完善的产品设计开发控制制度，能为公司配套 OEM	5			技术组	
	工艺流程	对物料生产工艺流程的了解程度与制定能力	5				
	技术能力	1. 技术标准是否完善；2. 可靠性保证能力：从设计到制造全过程；3. 产品制造工艺路线、技术人员能力、技术专利情况、研发投资规模等	10				
规模与设备（20%）	生产规模	1. 厂区面积、生产线数量与规模；2. 员工数量、管理人员数量、技术人员数量	10			采购组	
	生产设备	主要生产设备与成套加工装置的情况	10			技术组	

(续)

项	目	评定细则	分值	评分	实际情况说明	评定部门	签名
质量管理(20%)	质量体系	1. 有成文的质量管理体系，结构较完善；2. 质量体系得到有效执行	5			采购组/检验组	
	原材料控制	1. 进料检验：对来料进行检验；2. 原材料储存：保证储存条件符合要求	5				
	检验过程控制	1. 主要检验过程能够严格控制，检验员严格按规定操作，检验结果有专人审核；2. 能够测量所有指定的关键工艺和设备参数的工艺能力与测量专用设备，并有记录并保存备案	5				
	质量控制	1. 进行出厂检测，保证供货质量；2. 成品摆放合理	5				
管理能力(15%)	组织管理	1. 管理团队优秀，人员素质高；2. 企业组织架构合理，岗位职责明确	5			采购组/生产组	
	生产管理	订单处理过程、生产计划、配送方式、指导安装、供货和改进计划	5				
	现场管理	1. 供应商的生产设施、生产区域和工具应保持清洁和整齐；2. 供应商的进料、生产、测试、包装、运输与储藏区域布局清晰；3. 生产区域，物料摆放区域标示清楚	5				
付款条件(10%)		付款方式及合作方式是否符合公司要求	10			采购组	
产品交付(10%)		承诺备周转库存满足公司的交货期要求；实际备料能力	10				
售后服务(5%)		合作意愿和服务能力，服务承诺并有证据显示其服务能力满足公司要求	5				
合计			100				
综合意见	技术组						
	采购组						
	检验组						
	评审组长						

（3）在对供应商进行初步评审时，采购部须确定采购的物资是否符合政府法律法规的要求和安全要求，对于有毒有害危险品，应要求供应商提供相关证明文件。

2. 供应商的现场评审

(1) 根据所采购材料对产品质量的影响程度，可将采购的物资分为关键、重要、普通材料三个级别，对不同级别实行不同的控制等级。

(2) 对于提供关键与重要材料的供应商，采购部组织品质部、技术部对供应商进行现场评审，并由采购部填写"供应商现场评审表"，品质部、技术部签署意见，供应商现场评审的合格分数须达到70分。

(3) 对于普通材料的供应商，无须进行现场评审。

(四)《供应商质量保证协议》的签订

(1) 采购部负责与重要材料的供应商和普通材料供应商签订《供应商质量保证协议》。

(2)《供应商质量保证协议》一式两份，双方各执一份，作为供应商提供合格材料的一种契约。

(五) 确定合格供应商的名单

(1) 在"供应商基本资料表""供应商评审表""供应商质量保证协议"三份资料完成后，采购部将供应商列入"合格供应商名单"（见表7-3），交公司总经理批准。

表7-3 合格供应商名单

序号	供应商名称	供应产品名称	联系人	备注

拟制： 日期 审核： 日期

(2) 原则上一种材料需暂定两家或两家以上的合格供应商，以供采购时选择。

(3) 对于唯一供应商或独占市场的供应商，可直接列入"合格供应商名单"。

(4) 接单生产时，如果客户指定供应商名单，采购部采购人员必须按客户提供的供应商名单进行采购。客户提供的供应商名单直接列入"合格供应商名单"。

(5) 适时对供应商进行考核，并根据考核结果修订"合格供应商名单"，删除不合格供应商。修订后的"合格供应商名单"由公司总经理批准生效。

(六) 供应商辅导

(1) 对70分以下之供应商采取必要的辅导。

(2) 不合格供应商应予除名。

(3) 不合格供应商欲重新向本公司供货,应予辅导及重新作调查评核。

二、供应商的监督与考核

(一) 考核对象

供应商考核对象为列入"合格供应商名单"的所有供应商。

(二) 考核方法

公司对供应商实行评分分级制度,供应商的考核项目包括质量、交期、服务、价格水平等方面的内容。

(三) 考核频率

对关键材料、重要材料的供应商,应每季度考核一次;对普通材料的供应商,则每年度考核一次。

(四) 考核结果的处理

(1) 考核结果在90分以上的供应商,优先采购。

(2) 考核结果在80~89分的供应商,要求其对不足部分进行整改,并将整改结果以书面形式提交,供应商评价小组对其提交的纠正措施和结果进行确认。

(3) 考核结果在70~79分的供应商,要求其对不足部分进行整改,并将整改结果以书面形式提交,供应商评价小组对其提交的纠正措施和结果进行确认,并决定是否继续采购,或减少采购量。

(4) 对考核结果在69分以下的供应商,须从"合格供应商名单"中删除,并终止向其采购。

(5) 考核标准和考核结果由采购人员书面通知供应商。

(6) 对合格供应商进行交货期监督,采购人员应要求供应商准时交货,同时记录由供应商原因引起的分批发运造成的超额费用。

(五) 对合格供应商进行质量监督

(1) 品质部和采购部应保存合格供货方的供货质量记录,产品不合格时应对供应商提出警告,连续两批产品不合格则暂停采购,另选供应商,或待其提高产品质量后再行采购。

(2) 对于不合格的供应商,应取消其供货资格,将其从"合格供应商名单"中删除。

三、建立供应商质量体系

(一) 对供应商质量体系的开发

每年由采购部组织供应商学习质量体系标准,并要求供应商制订质量体系推行计划,通过质量体系认证。

（二）供应商质量体系的评定

（1）关键材料、重要材料的供应商每年评定一次，普通材料的供应商两年评定一次。

（2）品质部制订评定计划，采取评定小组（采购、技术、品质）现场评定，或供应商自我评定的办法。

（3）按质量体系制定"供应商质量体系评定表"，列明评定内容。

（4）如果供应商通过了质量体系的采购方或第三方认证，并提供了认证证明资料（证书或报告），可免除评定。

四、供应商筛选制度

（一）总则

1. 制定目的

为保证采购物资能满足公司要求，以及有效评价物资供应商的资质和能力，加强对供应商的管理，特制定本制度。

2. 适用范围

本制度适用于为公司提供产品或服务的所有供应商。

3. 权责范围

（1）采购部、质量管理部负责供应商的筛选与考核工作。

（2）总经理负责对相关部门选择的供应商进行审批。

（二）供应商信息收集与调查

（1）供应商信息收集与调查由公司采购部负责，其他相关部门予以配合。

（2）供应商调查的内容

① 材料供应状况。

② 材料品质状况。

③ 专业技术能力。

④ 机器设备状况。

⑤ 管理水平。

⑥ 财务及信用状况。

（3）凡与公司建立供应关系，且符合条件的供应商，均应填写"供应商调查表"（见表7-4），作为公司选择和评估供应商的参考依据。

表7-4 供应商调查表

客户名称	去年供货金额	占营业额比例	通讯地址

(续)

供应商	主要原材料	原材料供货价格	供货年限	质量状况	去年供货金额

产品平均不良率：		产品平均报废率：		年生产能力：	
序号	生产工序	质量工序	检验项目	检验标准	
1					
2					
3					

	认证类型	发证单位	发证日期	有效期	证书编号
国内外认证					

（4）若供应商的生产经营条件发生变化，公司应要求供应商及时对"供应商调查表"进行修改和补充。

（5）采购部应组织相关人员随时调查供应商的动态及产品质量，"供应商调查表"须每年复查一次，以了解供应商的动态，同时依变动情况更新原有资料内容。

（6）供应商信息收集的方式可以采用问卷调查、实地考察、委托验证等不同的方法。

（三）供应商评审管理

1. 成立评审小组

评审小组的成员可以由采购部、生产部、质量管理部、财务部及其他相关部门人员组成。

2. 供应商评审管理

（1）对供应商的评审主要从供应商的一般经营状况、供应能力、技术能力、品质能力等方面进行。

（2）对于临时采购的供应商，采购部应对供应商的经营资格进行审核，并报采购部经理审批。

（3）对于长期合作的供应商，采购部应对其经营资格、信誉、服务、采购标的、质量等进行审核，并予审核通过后认定其合格供应商资格，报相关领导审批。采购部应对合格供应商每年进行一次复审。

（4）对于正在合作的长期采购供应商，采购部应至少每季度对其进行一次考评，并根据考评结果分配下期的采购比例，由采购部经理审核，报总经理审批。供应商名录应不断更新并注意发展增加供应商。

五、供应商的评估

(一) 总则

1. 制定目的

为规范对合格供应商之日常评鉴,使供应商管理更合理公正,特制定本规章。

2. 适用范围

合作中的合格供应商的评鉴,除另有规定外,均应依本规章执行。

3. 权责单位

(1) 采购部负责本规章制定、修改、废止之起草工作。

(2) 总经理负责本规章核准工作。

(二) 供应商评鉴程序

1. 评鉴项目

供应商交货实绩的评鉴项目及分数比例(满分 100 分)。

2. 评鉴办法

(1) 供应商的评鉴每年进行一次。

(2) 将各项得分在"供应商评估表"(见表 7-5),并合计总得分。

表 7-5　供应商评估表

供方名称		法定代表人	
联系地址		联系电话	
主营产品		成立日期	
序号	评估考核项目细则	评定结果	
1	组织是否建立了文件化的质量管理体系	□优　□良　□差	
2	组织是否制定了质量方针和质量目标并执行	□优　□良　□差	
3	组织是否建立了质量检测机构,各部门的质量职责是否明确	□优　□良　□差	
4	组织是否制定员工培训制度和培训计划并实施	□优　□良　□差	
5	组织有无对原材料供应方的质量保证能力进行调查和评定并保存记录	□优　□良　□差	
6	组织是否对原材料按待检品、合格品、废品划区域堆放及标示	□优　□良　□差	
7	组织是否制定进货检验规程并保存检验记录	□优　□良　□差	
8	组织是否对仓库物资分类存放及标示,出入库制度是否健全	□优　□良　□差	
9	组织是否对关键生产过程制定作业指导书并执行	□优　□良　□差	

(续)

序号	评估考核项目细则	评定结果		
10	组织是否制定不合格品管理制度和处理程序并执行	□优	□良	□差
11	组织是否制定产品过程和出厂检验规程并保存必要的质量记录	□优	□良	□差
12	组织是否制定检测设备的日常运行检查制度并保存检查记录	□优	□良	□差
13	组织是否建立检测设备台账和定期鉴定制度并取得鉴定证书	□优	□良	□差
14	组织是否制定生产设备保养计划和定期制度并建立设备台账	□优	□良	□差
15	组织是否制定产品抽样制度并进行100%的安全检验并保存记录	□优	□良	□差
16	组织的生产能力能否满足采购需求	□优	□良	□差
17	组织的作业环境是否保持清洁、整齐并做到安全文明生产	□优	□良	□差
18	组织产品的技术资料是否完整、统一、齐全和正确	□优	□良	□差
19	组织是否建立相关GP规章制度	□优	□良	□差
20	组织是否提供营业执照、产品检测报告、技术标准和认证证书等资料	□优	□良	□差
评分	优：5分；良好：3分；差：1分 总分值：100分	实际得分　　分	评定	□A级 □B级 □C级
调查结论	采购员意见： 签名/日期：	质量管理员意见： 签名/日期：	生产部经理意见： 签名/日期：	
审核意见	质量评审小组意见： 签名：　　　日期：		管理者代表意见： 签名/日期：	

3. 评鉴分等

供应商评鉴等级划分如下。

(1) 平均得分 90.1～100 分者为 A 等。

(2) 平均得分 80.1～90 分者为 B 等。

(3) 平均得分 70.1～80 分者为 C 等。

(4) 平均得分 60.1～70 分者为 D 等。

(5) 平均得分 60 分以下者为 E 等。

4. 评鉴处理

(1) A 等厂商为优秀厂商，予以付款、订单、检验之优惠奖励。

(2) B 等厂商为良好厂商，由采购部提请厂商改善不足。

（3）C等厂商为合格厂商，由品管、采购等部门予以必要之辅导。

（4）D等厂商为辅导厂商，由品管、采购等部门予以辅导，三个月内未能达到C等以上予以淘汰。

（5）E等厂商为不合格厂商，予以淘汰。

（6）被淘汰厂商如欲再向本公司供货，需再经过供应商调查评估。

具体的供应商管理流程图如图7.1所示。

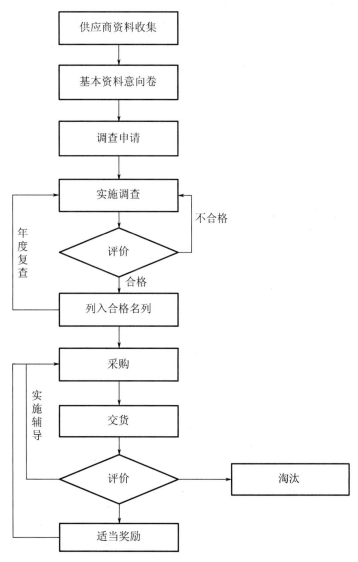

图 7.1　供应商管理流程图

六、供应商的流程

1. 产品销售订单确认

说明：订单发送到生产企业后，首先要由企业业务部门确定产品销售订单。确定之后此单据才开始正式生效。

实训操作：打开供应链管理系统选择生产企业，点击界面右方的进入系统。选择【产品销售】模块中的【产品销售订单查询】项，如图7.2（a）所示。然后选择单据指定生产完工后成品的发货仓库，如图7.2（b）所示。然后单击"确认"，如图7.2（c）所示。

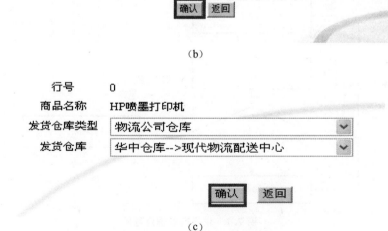

图7.2 产品销售订单管理界面

注：生产企业对订单进行确认后，系统数据流向生产订单管理中的"商务订单"中。

图7.2（b）中"指定完工后成品的发货仓库"是指货物生产完工后，由存放产成品的仓库发货到销售公司。

这个环节一共有两种方式：一种就是指定放到生产企业自己的仓库中；另外一种就是存放在第三方的物流公司仓库由物流公司配送到客户手中。因为我们的模拟数据中要求产品生产完工后是存放在物流公司仓库，所以此处选择存放到第三方物流仓库。

2. 原材料采购

（1）商务订单。

说明：订单通过生产企业确认后，成为正式商务订单并开始生效。

实训操作：进入生产企业管理系统，打开【生产订单管理】模块中的【商务订单】项，单击"查询"，此时可以查看到之前与销售公司签订的商务订单，如图7.3（a）所示。单击"生成订单"然后保存并确认此单据，如图7.3（b）所示。

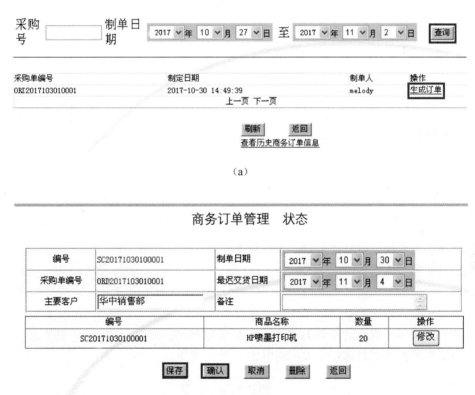

图7.3 商务订单管理界面

（2）原材料采购信息（生成清单）。

说明：系统根据订单的产品采购数量，生成原材料采购清单。

实训操作：打开【原材料采购管理】模块中的【原料采购信息】项，单击"查询"，单击相应单据后的"生成清单"，如图7.4（a）所示。系统根据产品的配料信息自动生成原材料采购清单，最后确认该单据，如图7.4（b）所示。

生产订单查询 / 物料清单信息 (界面示意)

图 7.4　物料清单信息管理界面

注：生成需要的原材料清单后，系统数据流向供应商（多个）。

（3）供应商报价管理。

说明：原材料采购信息生成后，各供应商分别可对生产企业进行一次或多次报价信息。

实训操作：在供应链系统，选择相应供应商后面的"进入系统"，进入【供应商业务管理】模块中的【供应商报价管理】项，单击对应原材料后的"报价"，如图 7.5（a）所示。对生产企业需要的原材料进行报价，如图 7.5（b）所示。

图 7.5　供应商报价管理界面

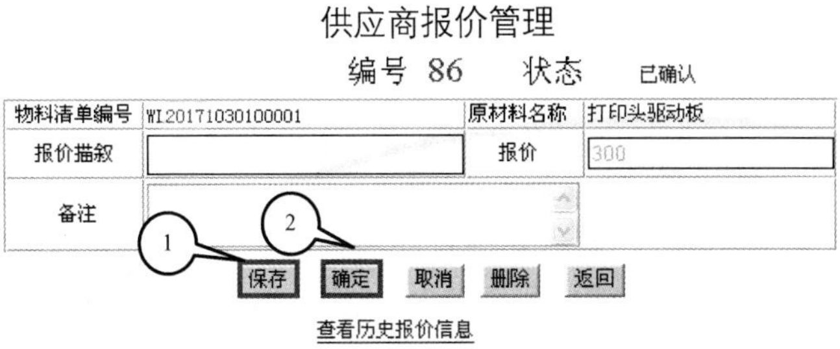

供应商报价管理
编号 86 状态 已确认
物料清单编号
WI20171030100001
原材料名称
打印头驱动板
报价描叙
报价
300
备注
1
2
保存
确定
取消
删除
返回
查看历史报价信息

(b)

图 7.5　供应商报价管理界面（续）

注：供应商报价后，系统数据流向生产企业的采购合同管理。

(4) 原材料采购合同。

说明：生产企业对比各个不同供应商的报价，从中选取产品最优、价格合适的供应商签订采购合同。

实训操作：进入生产企业系统，选择【原材料采购管理】模块中的【原料采购合同】项，对相应原材料供应商的报价进行比较，选择供应商后面的“添加采购合同”，如图 7.6 (a) 所示。然后单击“修改数量”，录入数据，最后确认并保存，如图 7.6 (b) 所示。

原材料报价信息
物料清单编号
原材料名称
查询
编号
物料清单编号
供应商名称
原材料名称
报价
操作
86 WI20171030100001 宝利通电子实业有限公司 打印头驱动板 300.00 添加采购合同
87 WI20171030100001 宝利通电子实业有限公司 程序集成电路板 260.00 添加采购合同
88 WI20171030100001 宝利通电子实业有限公司 打印电路板 320.00 添加采购合同
89 WI20171030100001 宝利通电子实业有限公司 电缆 450.00 添加采购合同
90 WI20171030100001 宝利通电子实业有限公司 机箱 210.00 添加采购合同
上一页 下一页
刷新
返回
查看历史信息

(a)

原料采购合同
编号
CG20171030100001
状态
未确认
物料清单编号
WI20171030100001
生成日期
2017 年 10 月 30 日
最迟到货日期
2017 年 11 月 9 日
备注
行号
原材料名称
清单数量
采购数量
单价
操作
1
打印头驱动板
22
0
300.00
修改数量
确认
取消
删除
返回
查看历史信息

(b)

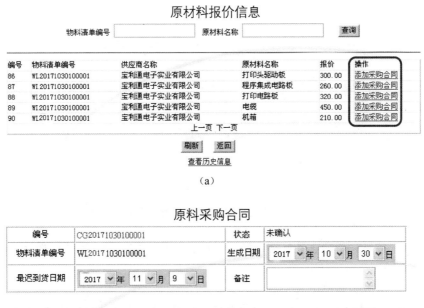

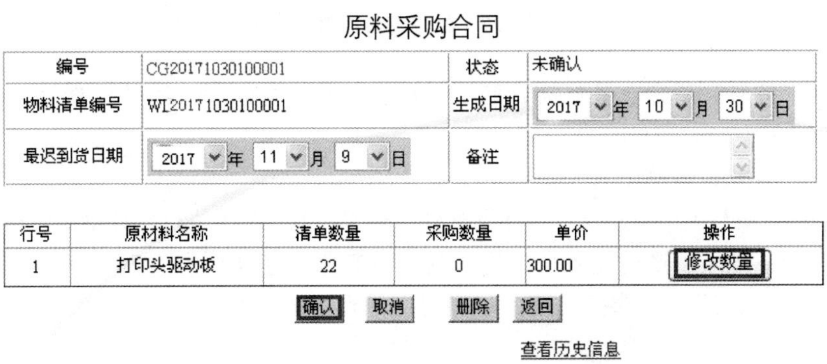

图 7.6　原材料供应合同信息

注：生产企业根据原材料供应商的报价，选择相应的供应商签订合同后，系统数据流向报价相对应的供应商。

（5）供应商合同管理。

说明：当生产企业根据供应商报出的价格确定供应商后，签订原材料采购合同。

实训操作：进入供应商管理系统，打开【供应商业务管理】模块中的【供应商合同管理】项，如图7.7（a）所示。选择相应单据后面的"合同签订"，录入相关信息后，单击"签定"，确认并保存合同，如图7.7（b）所示。

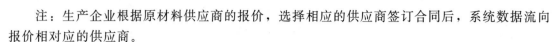

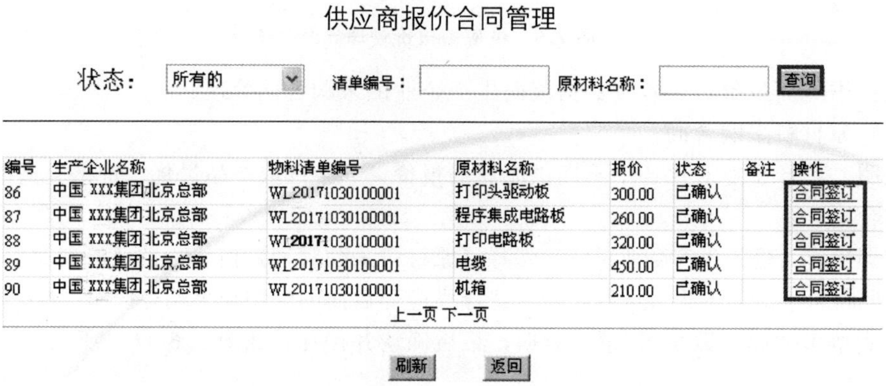

(a)

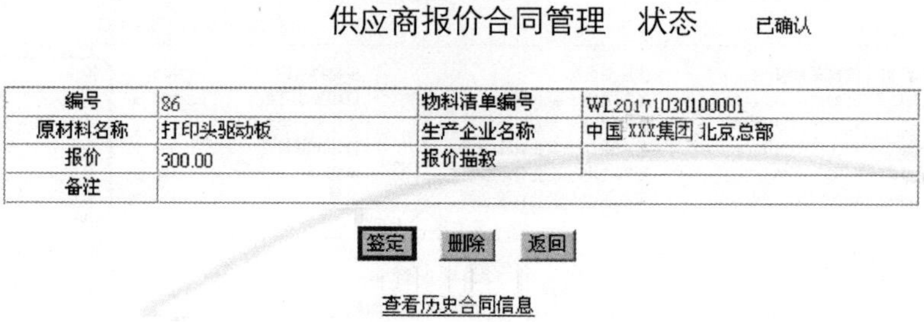

(b)

图 7.7 供应商合同管理界面

注：供应商对生产企业签订的合同进行确认，签订合同后，系统数据流向生产企业的原材料采购订单中。

（6）原材料采购订单。

说明：供应商与生产企业双方签订原材料合同后，正式开始执行此订单的原材料采购活动。

实训操作：进入生产企业系统，进入【原材料采购管理】模块中的【原材料采购订单】项，如图7.8（a）所示。选择单据，单击对应单据后的"采购"，如图7.8（b）所示。

原料采购订单

| 清单编号 | | 状态 | 所有的 |

生成日期 2017年 10月 27日 至 2017年 11月 2日 [查询]

编号	物料清单编号	生成日期	供应商名称	原材料名称	状态	操作
CG20171030100001	WL20171030100001	2017-10-30 0:00:00	宝利通电子实业有限公司	打印头驱动板	已确认	采购
CG20171030100002	WL20171030100001	2017-10-30 0:00:00	宝利通电子实业有限公司	程序集成电路板	已确认	采购
CG20171030100003	WL20171030100001	2017-10-30 0:00:00	宝利通电子实业有限公司	打印电路板	已确认	采购
CG20171030100004	WL20171030100001	2017-10-30 0:00:00	宝利通电子实业有限公司	电缆	已确认	采购
CG20171030100005	WL20171030100001	2017-10-30 0:00:00	宝利通电子实业有限公司	机箱	已确认	采购

上一页 下一页

[刷新] [返回]

(a)

原料采购订单

编号	CG20171030100001	状态	已确定
物料清单编号	WL20171030100001	生成日期	2017年 10月 30日
最迟到货日期	2017年 11月 9日	备注	

行号	原材料名称	数量
1	打印头驱动板	23

[采购] [返回]

查看历史信息

(b)

图 7.8 原材料采购订单管理

注：生成采购订单后。系统数据流向供应商订单发货。

(7) 分拣管理。

说明：配料必须经过分拣后才能正式发货。

实训操作：进入供应商管理系统，进入【分拣管理】模块中的【分拣货位设置】项，单击"新增"，输入相关货位信息，然后单击"保存"，如图 7.9 所示。

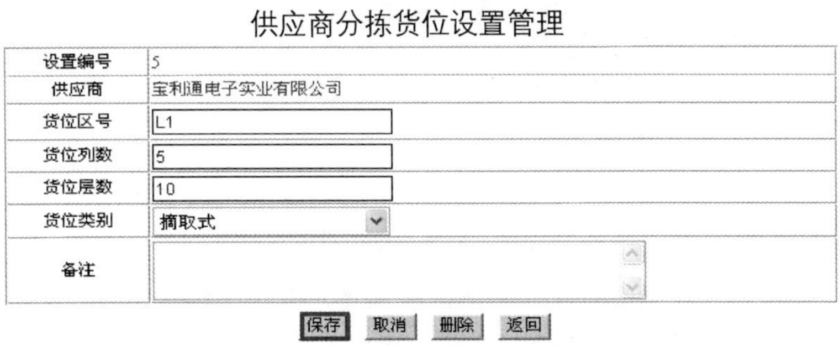

供应商分拣货位设置管理

设置编号	5
供应商	宝利通电子实业有限公司
货位区号	L1
货位列数	5
货位层数	10
货位类别	摘取式
备注	

[保存] [取消] [删除] [返回]

图 7.9 分拣货位设置管理界面

分拣货位信息管理：进入供应商管理系统，进入【分拣管理】模块中的【分拣货位信息】项，单击"查询"，如图 7.10（a）所示，会看到先前设置的货位信息。单击"货位编码"，分拣配料，然后保存，如图 7.10（b）所示。

供应商分拣货位信息管理

货位编号	货位编码	设置编号	分拣类型	原材料名称
38	L10101	5	摘取式	打印头驱动板
39	L10102	5	摘取式	程序集成电路板
40	L10103	5	摘取式	打印电路板
41	L10104	5	摘取式	电缆
42	L10105	5	摘取式	机箱
43	L10106	5	摘取式	未指定
44	L10107	5	摘取式	未指定
45	L10108	5	摘取式	未指定
46	L10109	5	摘取式	未指定
47	L10110	5	摘取式	未指定
48	L10201	5	摘取式	未指定
49	L10202	5	摘取式	未指定
50	L10203	5	摘取式	未指定
51	L10204	5	摘取式	未指定
52	L10205	5	摘取式	未指定

数据源共有 110 笔数据记录,当前为第1页,共8页

（a）

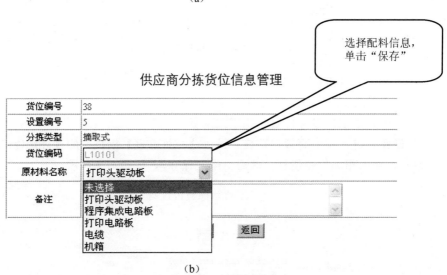

（b）

图 7.10　分拣货位信息管理界面

分拣管理设置：进入供应商管理系统，进入【分拣管理】模块中的【分拣管理】项，保存后增加配料明细，最后单击"确定"（注：摘取式的分拣只能添加一种配料），如图 7.11 所示。

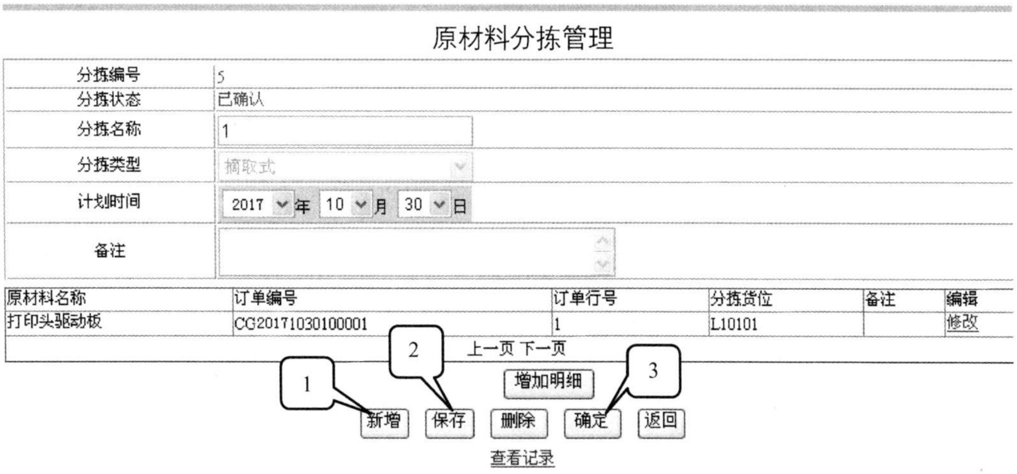

图 7.11　分拣管理设置界面

生成分拣作业设置：进入供应商管理系统，进入【分拣管理】模块中的【生成分拣作业】项，单击"查询"，如图 7.12（a）所示。就可以看到需要分拣的项目，单击"分拣开始"进行分拣，如图 7.12（b）所示。

(a)

(b)

图 7.12　生成分拣作业设置界面

分拣作业确认设置：进入供应商管理系统，然后进入【分拣作业确认】项，单击"分拣"后，一笔分拣作业完成才可以返回【生成分拣作业】项进行第二笔配料分拣，如图7.13所示。

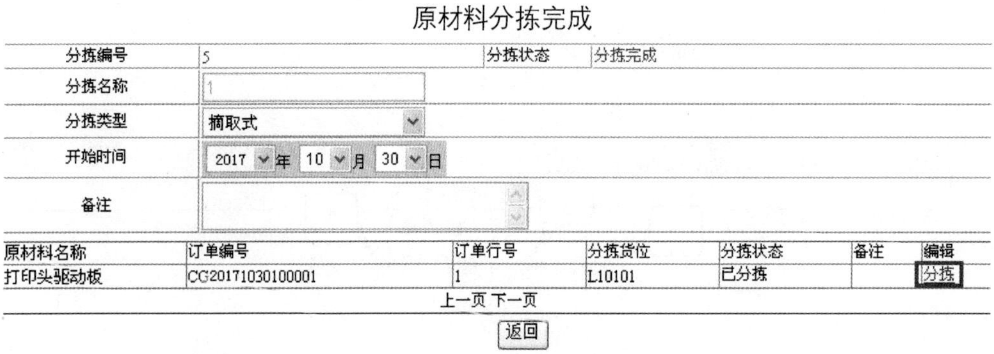

图7.13 分拣作业确认设置界面

（8）供应商订单发货。

说明：生产商的采购订单正式下达后，此时供应商根据采购单据要求向生产商发货。

实训操作：进入供应商管理系统，进入【供应商业务管理】模块中的【供应商订单发货】项，单击"查询"，如图7.14（a）所示。选择相应单据，单击"发货"，如图7.14（b）所示。

(a)

(b)

图7.14 原材料订单发货管理界面

注：供应商发货成功后，系统数据流向生产企业原材料采购入库。

（9）原材料采购入库。

说明：生产企业对采购的原材料进行入库分配，此时可以分配存放在生产企业的仓库中；也可以分配到第三方的物流公司仓库中。

实训操作：进入生产企业管理系统，进入【原材料采购管理】模块中的【原材料采购入库】项，如图7.15（a）所示。单击"查询"，选择相应单据号，选择相关信息后单击"分配"，指定原材料所要储放的仓库信息，最后单击"分配"，如图7.15（b）所示。

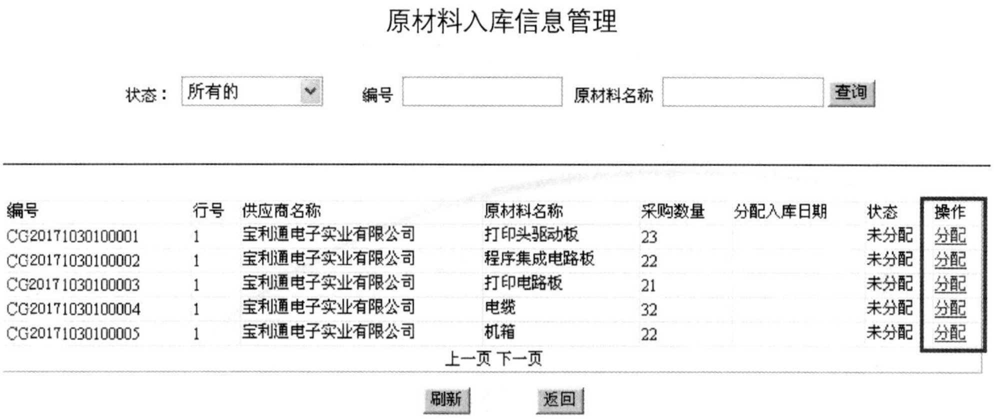

（a）

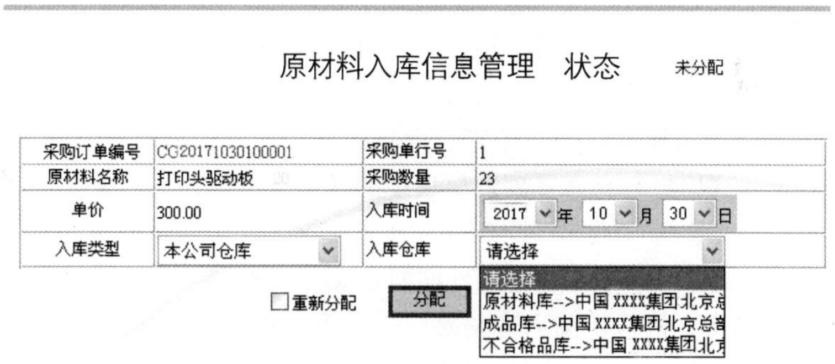

（b）

图7.15 原材料入库分配界面

注：原材料采购入库分配后，如果选择的是本公司仓库，系统数据则流向原材料仓库入库检验；如果选择的是物流公司仓库，系统数据流向物流公司的原材料入库检验。

（10）原材料仓库检验。

说明：生产商对入库的原材料进行入库检验。

实训操作：进入生产企业的【原材料仓库管理】模块中的【原材料仓库检验】项，如图7.16（a）所示。选择单据，单击"检验"，进入原材料入库检验管理界面。录入检验合格的产品数，最后单击"检测"，如图7.16（b）所示。

原材料入库检验管理

编号	行号	供应商名称	原材料名称	采购数量	入库日期	状态	操作
CG20171030100001	1	宝利通电子实业有限公司	打印头驱动板	23	2017-10-30 0:00:00	未检验	检验
CC20171030100002	1	宝利通电子实业有限公司	程序集成电路板	22	2017-10-30 0:00:00	未检验	检验
CC20171030100003	1	宝利通电子实业有限公司	打印电路板	21	2017-10-30 0:00:00	未检验	检验
CC20171030100004	1	宝利通电子实业有限公司	电缆	32	2017-10-30 0:00:00	未检验	检验
CG20171030100005	1	宝利通电子实业有限公司	机箱	22	2017-10-30 0:00:00	未检验	检验

上一页 下一页

(a)

原材料入库检验信息　状态　未检验

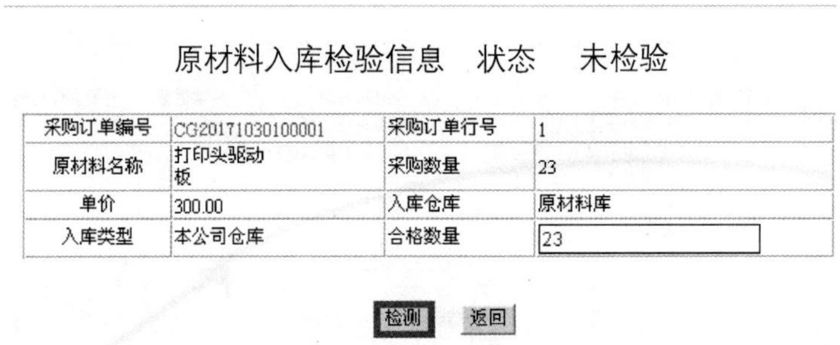

采购订单编号	CG20171030100001	采购订单行号	1
原材料名称	打印头驱动板	采购数量	23
单价	300.00	入库仓库	原材料库
入库类型	本公司仓库	合格数量	23

检测　返回

(b)

图 7.16　入库检验界面

注：原材料入库检验后，系统数据流向原材料仓库入库。

(11) 原材料仓库入库。

说明：原材料通过入库检验后，生产企业正式开始入库，将原材料存放至仓库。

实训操作：进入【原材料仓库管理】模块中的【原材料仓库入库】项，如图 7.17 (a) 所示。选择单据，单击"详情"，如图 7.17 (b) 所示。进入，对原材料进行逐一入库实训操作，如图 7.18 所示。完成后返回入库管理主界面对单据进行确认。此时原材料已正式采购并存放至仓库中，可以单击"查看历史入库信息"查看库存情况。

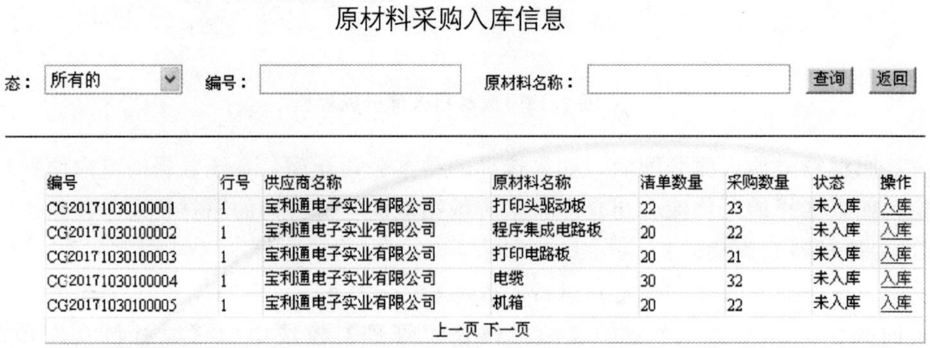

原材料采购入库信息

编号	行号	供应商名称	原材料名称	清单数量	采购数量	状态	操作
CG20171030100001	1	宝利通电子实业有限公司	打印头驱动板	22	23	未入库	入库
CG20171030100002	1	宝利通电子实业有限公司	程序集成电路板	20	22	未入库	入库
CG20171030100003	1	宝利通电子实业有限公司	打印电路板	20	21	未入库	入库
CG20171030100004	1	宝利通电子实业有限公司	电缆	30	32	未入库	入库
CG20171030100005	1	宝利通电子实业有限公司	机箱	20	22	未入库	入库

上一页 下一页

(a)

图 7.17　原材料入库管理界面

原料采购入库管理　状态　已入库

编号	CG20171030100001	行号	1
原材料名称	打印头驱动板	清单数量	22
采购数量	23	单价	300.00
供应商	宝利通电子实业有限公司	检验合格数	23
入库类型	本公司仓库	入库日期	2017-10-30 0:00:00
入库仓库	原材料库	备注	

入库　　返回

查看历史入库信息　查看本公司库存

(b)

图 7.17　原材料入库管理界面（续）

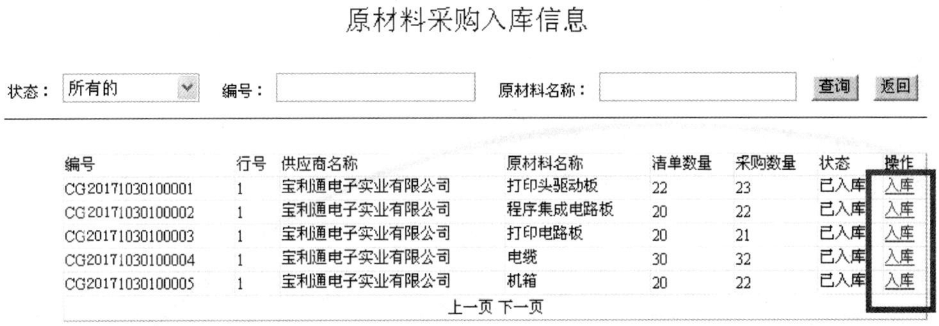

原材料采购入库信息

状态：所有的　　编号：　　　　原材料名称：　　　　查询　返回

编号	行号	供应商名称	原材料名称	清单数量	采购数量	状态	操作
CG20171030100001	1	宝利通电子实业有限公司	打印头驱动板	22	23	已入库	入库
CG20171030100002	1	宝利通电子实业有限公司	程序集成电路板	20	22	已入库	入库
CG20171030100003	1	宝利通电子实业有限公司	打印电路板	20	21	已入库	入库
CG20171030100004	1	宝利通电子实业有限公司	电缆	30	32	已入库	入库
CG20171030100005	1	宝利通电子实业有限公司	机箱	20	22	已入库	入库

上一页　下一页

图 7.18　原材料入库确认界面

注：入库完成，数据流向原材料应付款。

（12）采购应付款。

说明：原材料采购成功后，生产企业生成相关应付款项结算单据。

实训操作：进入【财务管理】模块中的【采购应付款】项，单击"查询"，如图 7.19（a）所示。系统自动检测出所有原材料采购的应付款项，单击实训操作列表项的"生成应付款"，生成付款单据，如图 7.19（b）所示。

采购应付款

采购定单编号　　　　采购定单行号　　　　查询

采购单编号	采购单行号	应付金额	生成情况	操作
CG20171030100001	1	6900.00	还未生成	生成应付款
CG20171030100002	1	5720.00	还未生成	生成应付款
CG20171030100003	1	6720.00	还未生成	生成应付款
CG20171030100004	1	14400.00	还未生成	生成应付款
CG20171030100005	1	4620.00	还未生成	生成应付款

数据源共有 5 笔数据记录。总共有 1 页，目前是第 1 页。　　第一页　上一页　下一页　最后一页

返回　刷新
查看历史记录

(a)

图 7.19　采购应付款生成列表

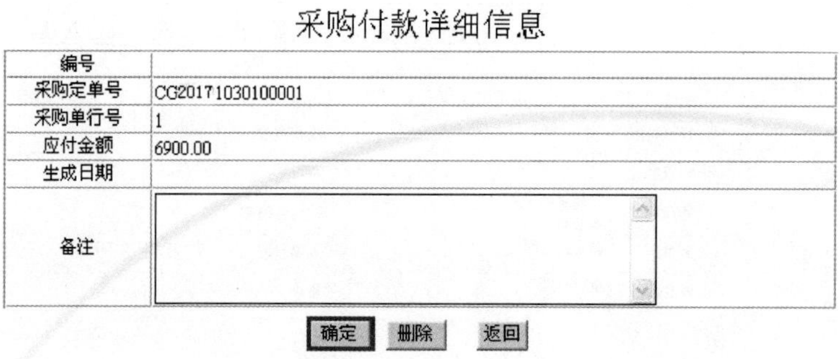

采购付款详细信息

（此处为采购付款详细信息表单，包含编号、采购定单号 CG20171030100001、采购单行号 1、应付金额 6900.00、生成日期、备注等字段，下方有"确定""删除""返回"按钮）

(b)

图 7.19 采购应付款生成列表（续）

注：付款单据生成，系统数据流向采购付款。

（13）采购付款。

说明：生产商根据生成的应付款单据，对供应商进行付费实训操作。

实训操作：进入【财务管理】模块中的【采购付款】项，单击"查询"，如图 7.20（a）所示。系统自动检测出所有原材料采购的应付款项，单击实训操作列表项的"付款"，录入付款数与付款方式，结算过的单据系统将列入历史记录中，如图 7.20（b）所示。

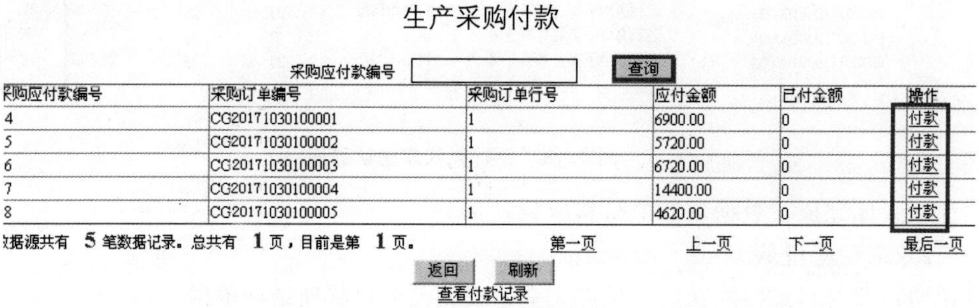

生产采购付款

采购应付款编号	采购订单编号	采购订单行号	应付金额	已付金额	操作
4	CG20171030100001	1	6900.00	0	付款
5	CG20171030100002	1	5720.00	0	付款
6	CG20171030100003	1	6720.00	0	付款
7	CG20171030100004	1	14400.00	0	付款
8	CG20171030100005	1	4620.00	0	付款

数据源共有 5 笔数据记录。总共有 1 页，目前是第 1 页。

(a)

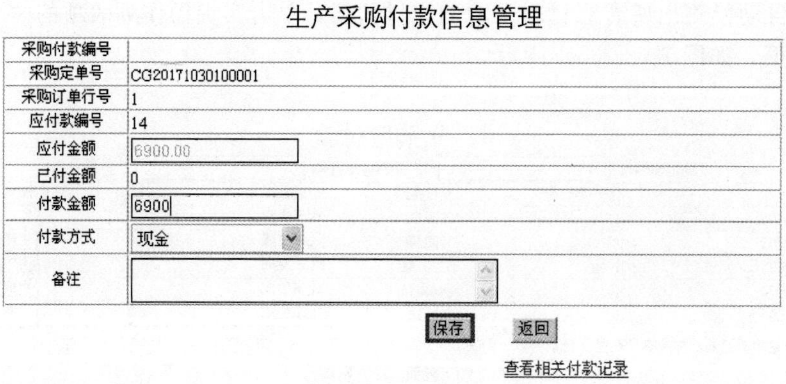

生产采购付款信息管理

（采购付款信息管理表单：采购付款编号、采购定单号 CG20171030100001、采购订单行号 1、应付款编号 14、应付金额 6900.00、已付金额 0、付款金额 6900、付款方式 现金、备注，下方有"保存""返回"按钮，查看相关付款记录）

(b)

图 7.20 采购付款界面

（14）采购付款余额。

说明：当生产商付款不是一次性付清的情况，财务通过余额查询将未付的款项进行收取。

实训操作：进入【财务管理】模块中的【采购付款余额】项，单击“统计”，系统自动检测出所有原材料采购应付款项的单据收款情况，如图 7.21 所示。

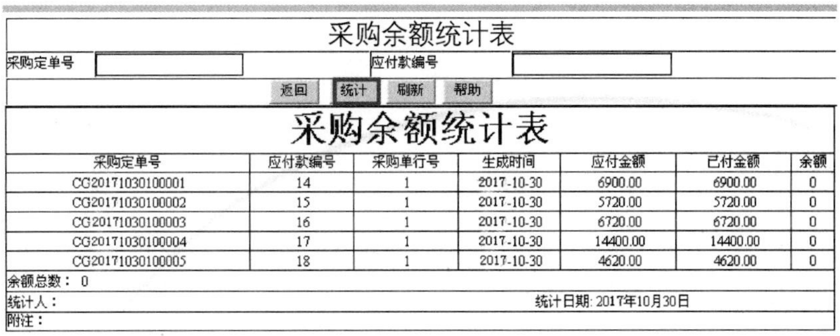

采购余额统计表

采购定单号　　应付款编号

返回　统计　刷新　帮助

采购余额统计表

采购定单号	应付款编号	采购单行号	生成时间	应付金额	已付金额	余额
CG20171030100001	14	1	2017-10-30	6900.00	6900.00	0
CG20171030100002	15	1	2017-10-30	5720.00	5720.00	0
CG20171030100003	16	1	2017-10-30	6720.00	6720.00	0
CG20171030100004	17	1	2017-10-30	14400.00	14400.00	0
CG20171030100005	18	1	2017-10-30	4620.00	4620.00	0

余额总数：0

统计人：　　统计日期：2017年10月30日

附注：

图 7.21　采购余额统计报表

【实训总结】

实训结束后，学生对模拟实训进行总结，重新选取某供应商管理的各个流程实训操作，编写出实训报告。

实训报告包括如下内容。

（1）实训的目的。

（2）实训的要求。

（3）实训的内容。

（4）本次实训过程中取得的主要收获和体会。

【思考题】

（1）如何实现供应商生产销售中最小的库存计划？

（2）密切配合生产、销售和物流等不同环节应该注意的相关事项有哪些？

（3）如何改善供应商的采购计划流程，缩短信息流？

实训八　制造商管理

【基础知识】

制造商或称为"生产厂商",指创造产品的企业。制造商以原料或零组件(自制或外购)经过较为自动化的机器设备及生产工序,制成一系列的日常消费用品。较有规模或品牌信誉的供应商除了制造的功能外,通常还从事营销及商品流通或进出口的功能。

制造商作为品牌产品的创造者,广为人知并被认为是渠道的源头和中心。像通用电气、通用汽车、索尼、飞利浦这样成功的制造商在各自的分销渠道中占据着举足轻重的位置。

制造商管理就是对产品生产制造过程进行计划、组织、指挥、协调、控制和考核等一系列管理活动的总称,包括采购管理、计划管理、车间管理、仓储管理、销售管理和运输管理等六个方面。

具体的流程图如图 8.1~图 8.6 所示。

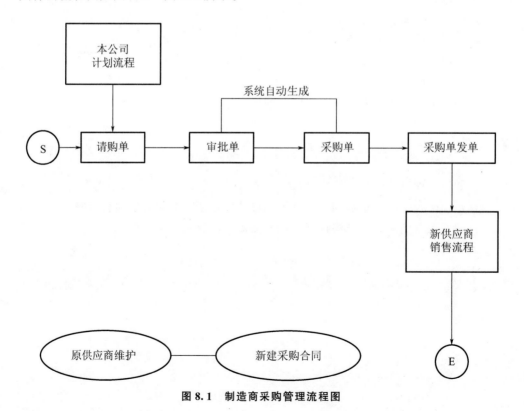

图 8.1　制造商采购管理流程图

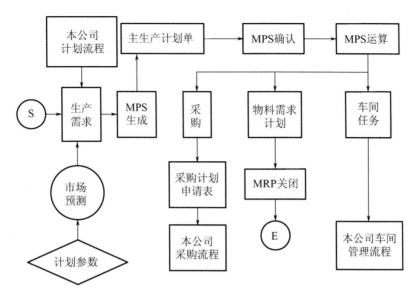

图 8.2　制造商计划管理流程图

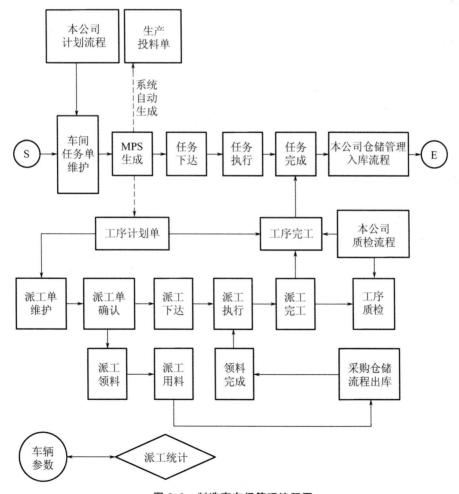

图 8.3　制造商车间管理流程图

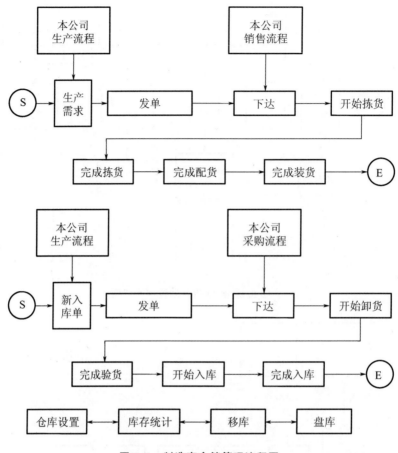

图 8.4 制造商仓储管理流程图

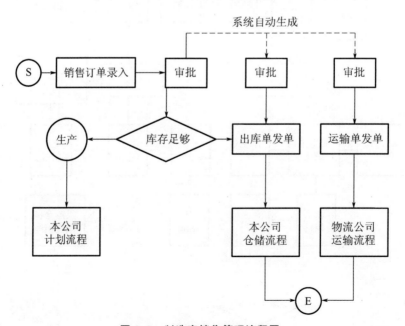

图 8.5 制造商销售管理流程图

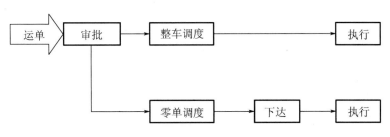

图 8.6　制造商运输管理流程图

【实训目的与要求】

本实训的目的是加深学生对制造商管理的理解与认识,掌握制造商管理的目标,并对制造商管理的各个流程进行实训操作,从而更全面、细致地掌握制造商管理的实训操作流程。具体有如下要求。

(1) 掌握制造商管理各流程的实训操作。

(2) 掌握制造商生产,销售和物流等不同环节应该注意的相关事项。

(3) 进一步熟悉改善产品仓储管理流程,提高仓库产品的周转效率,这需要销售,生产计划的相互配合。

(4) 增强学生的动手与实训操作能力,熟悉制造商管理流程各环节的要点。

【实训内容】

1. 生产任务单

说明:生产企业将产品分配给各个生产车间,下达生产任务进行生产。

实训操作:打开【生产管理】模块中的【生产任务单】项,如图 8.7(a)所示,单击"查询",然后单击"生成任务单",录入分配信息并单击"保存",如图 8.7(b)所示。(例如:我们模拟数据里是要求生产 20 台打印机,那么生产企业目前有一、二两个车间。此处就可以分别分配给每个车间生产 10 台的任务量,以便达到快速生产的效果。)

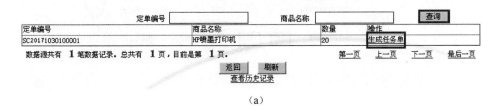

(a)

图 8.7　生产任务单分配界面

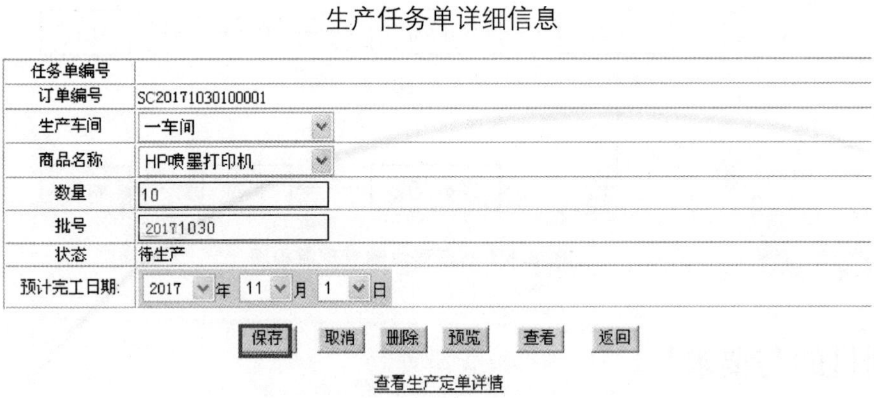

生产任务单详细信息

（b）

图 8.7　生产任务单分配界面（续）

注：生产任务单制作完后，系统数据流向生产领料。

2. 生产领料单

说明：各生产车间根据任务单的生产数量开始领取原材料准备生产。

实训操作：打开【生产管理】模块中的【生产领料单】项，单击"查询"，选择相对应生产任务单，单击实训操作列表"领料"。进入生产领料单管理界面后，首先录入领料人姓名，之后保存单据，系统自动检测出领料明细，如图 8.8 所示。再单击原材料明细实训操作列表中的"修改"，在弹出的生产领料单界面中分别指定出库的类型、仓库的名称与数据，最后再确认，如图 8.9 所示。

生产领料单管理

图 8.8　生产领料管理界面

生产领料单

仓库名称 [　　　] 原材料名称 [程序集成电路板]　(查询)

生产领料单详细信息

领料编号	LL20171030000001
领料行号	3
原材料名称	程序集成电路板
出库类型	本公司仓库
仓库名称	原材料库
数量	10

(确认) (删除) (取消)

图 8.9　生产领料管理界面

注：生产领料单生成后，系统数据流向原材料出库。如果是选择物流公司出库，系统数据流向物流公司。

根据原材料的存放位置，指定原材料由哪个仓库出库。当不知道原材料存放在哪个仓库的情况下，可以单击表最上方"查询"可查看到原材料存放的位置。

3. 原材料出库（生产企业）

说明：生产车间将原材料从仓库领走，进行制造生产。

实训操作：打开【原材料仓库】管理模块中的【原材料出库】项，如图 8.10（a）所示。单击"查询"，单击列表中的"出库操作"，进入原材料出库管理界面，如图 8.10（b）所示。系统自动弹出原材料的详细信息，如图 8.10（c）所示，单击"返回"继续出库其余的原材料（原材料出库详细信息列表中的"开始"按钮只在连接硬件"RFID"时才起作用）。待原材料出库完成后回到出库管理界面单击"确认"，原材料出库成功。

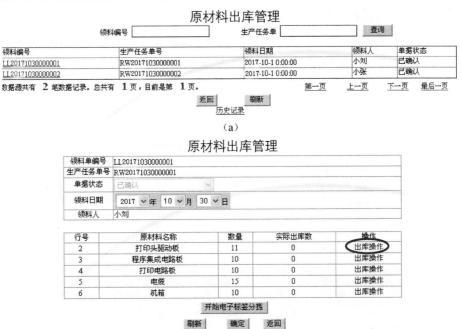

图 8.10　原材料出库管理系列界面

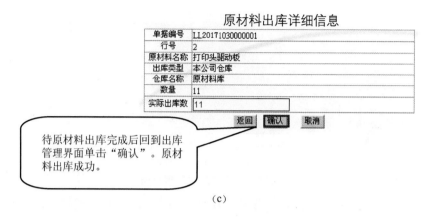

(c)

图 8.10　原材料出库管理系列界面（续）

注：原材料出库后，系统数据流向生产任务分配。

4．生产任务分配

说明：给各流水线工作台分配生产加工任务。

实训操作：打开【生产管理】模块中的【工作台任务分配】项，单击要生产的任务单编号，如图 8.11（a）所示。增加分配，如图 8.11（b）所示。选定好将要分配的加工流水线与工作台，并录入相关的原材料数据并确定分配，如图 8.11（c）所示。

(a)

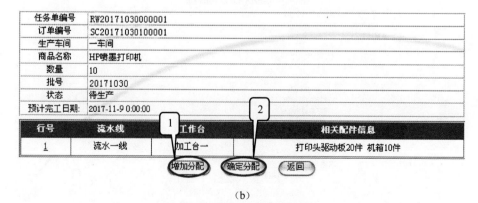

(b)

图 8.11　生产任务分配管理界面

任务分配详细信息

（c）

图 8.11　生产任务分配管理界面（续）

注：原材料出库后，系统数据流向产品生产。

5. 产品生产

说明：生产车间成功领取到原材料后开始制造生产。

实训操作：打开【生产管理】模块中的【生产任务】项，单击要生产的任务编号如图 8.12（a），在弹出的生产任务单详细信息界面中，单击"确定生产"，如图 8.12（b）所示。当本系统联有硬件设备电子看板时可以通过"电子看板显示"。

生产任务管理

（a）

生产任务单详细信息

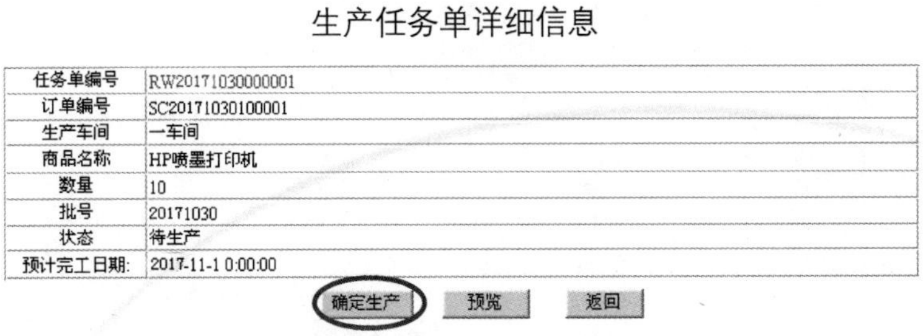

（b）

图 8.12　生产任务单确定界面

注：产品确定生产后，系统数据流向产品完工。

6. 产品完工

实训操作：打开【生产管理】模块中的【产品完工】项，单击要生产完工的任务单编号，在弹出的生产完工详细信息界面中录入生产的数量，计算出原材料的成本价格，最后单击"确认完工"，如图 8.13 所示。

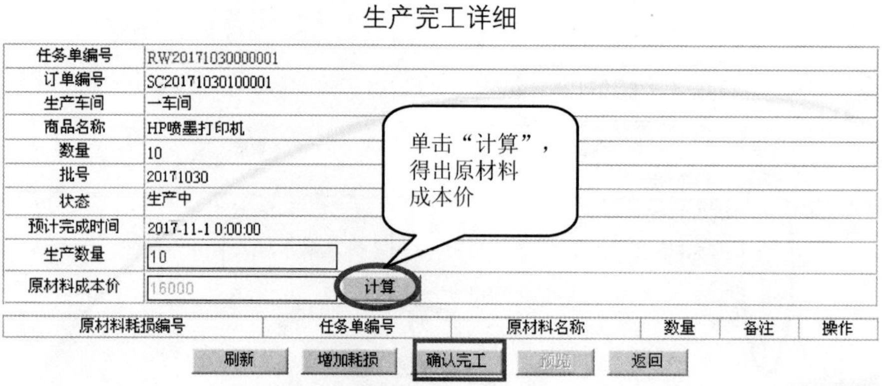

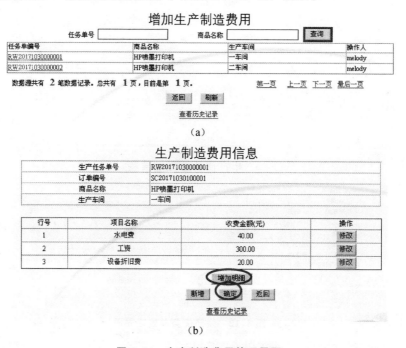

图 8.13 产品生产完工界面

注：产品完工后，系统数据流向制造费用管理。

7. 制造费用管理

说明：产品生产完工后，财务部门要对产品生产所发生的制造费用进行核算，以便计算产品的生产成本。

实训操作：打开【财务管理】模块中的【制造费用管理】项，单击"查询"，如图 8.14（a）所示。选择任务单编号，增加制造费用明细（如水电费、工资、设备折旧费），最后单击"确定"，系统将显示"制造费用成功录入"，如图 8.14（b）所示。

图 8.14 生产制造费用管理界面

此处的费用项目是之前在基础资料中设定好的。

注：产品生产成本核算完成后，数据流向产品检验项。

8．产品检验

说明：产品生产出来要通过生产企业质检合格才能入库。

实训操作：打开【产品检验】模块中的【产品检验】项，如图 8.15（a）所示。选择"任务编号"，输入不合格数量，与成品存放仓库。然后单击"计算单价"，系统会根据原材料成本与制造费用自动算出产品的单价信息，最后单击"确认"，如图 8.15（b）所示。

（a）

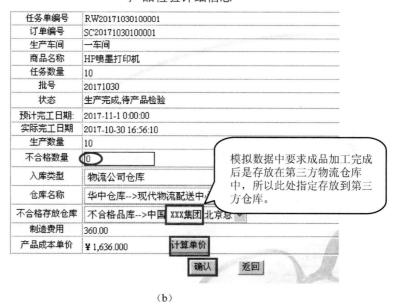

（b）

图 8.15　产品检验管理界面

注：产品检验后，系统数据流向产品入库；如果选择入库的仓库是物流公司的仓库，系统数据流向物流公司的产品入库。

9．产品入库

实训操作：进入物流公司，打开【入库管理】模块在的【产品入库】项，单击"查询"之后选择要入库产品的任务单据编号，如图 8.16（a）所示。在产品入库管理列表中，首先录入存仓编号与车牌号，单击"保存"后系统检索出该入库单据的产品入库数量，如图 8.16（b）

所示。再单击实训操作列表项的"入库",指定产品的包装方式与计量单位,最后单击"确认",如图 8.16(c)所示。

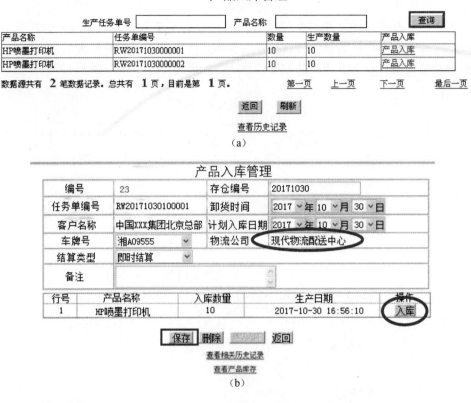

图 8.16 产品入库管理界面

10. 产品出库

实训操作:进入物流公司,打开【出库管理】模块在的【产品出库】项,单击"查询"之后选择要入库产品任务单据编号的"产品出库",如图 8.17(a)所示。在产品出库管理列表中"录入收货地点与详细地址",之后再保存,系统自动检索出库的货物信息。单击"出库",录入要出库货物的数量,最后再"确认发货",如图 8.17(b)所示。厂家发货完成。

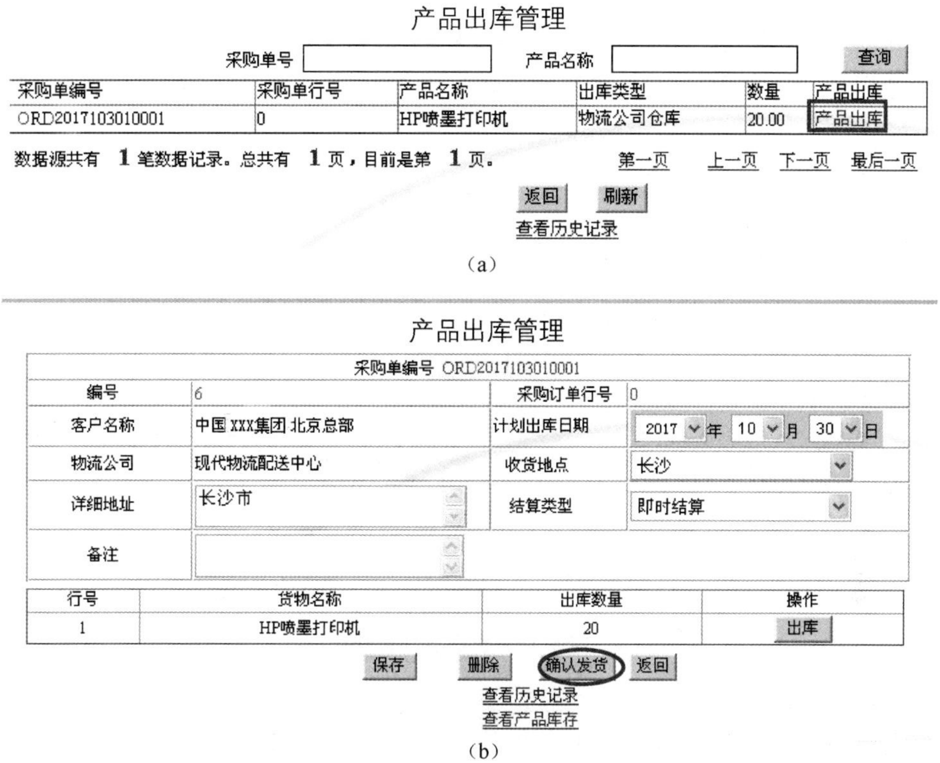

产品出库管理

(a)

(b)

图 8.17 产品出库管理界面

11. 配送配载

实训操作：打开【出库管理】模块中的【配送配载】项，进入出库装箱配载界面，如图 8.18 所示。选定好配送路线、信息后保存此单据。再单击"增加货物信息"，单击"查询"系统便自动将符合此配送线路的所有货物信息显示出来，选择相应的出库配载货物单据。最后再单击"增加车辆信息"指定车辆与司机等相关信息，再单击"确定"确认此配载单生效。

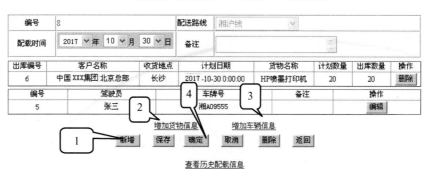

图 8.18 配送配载管理界面

12. 配送发车

实训操作：打开【出库管理】模块中的【配送发车】项，进入配送发车管理界面。选定好配送路线，系统自动检索出此条线路所要配送发车的信息，如图8.19所示。经检查无误单击"确定发车"即可。

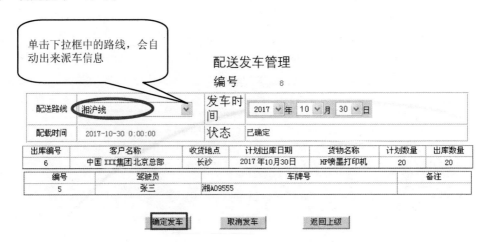

图8.19 配送发车管理界面

13. 车辆返回确认

实训操作：打开【出库管理】模块中的【车辆返回确认】项，对已完成配送作业的车辆做返回确认，如图8.20所示。

图8.20 车辆返回确认信息界面

【实训总结】

实训结束后，学生对模拟实训进行总结，重新选取某制造商管理的各个流程实训操作，编写出实训报告。

实训报告包括如下内容。

（1）实训的目的。

（2）实训的要求。

（3）实训的内容。

（4）本次实训过程中取得的主要收获和体会。

【思考题】

(1) 如何优化制造商货物入库的路线规划？
(2) 制造商如何完善生产、销售和物流等之间的关系？
(3) 如何改善制造商的仓储管理流程？

实训九　零售商管理

【基础知识】

零售商（Retailer）指将商品直接销售给最终消费者的中间商，是分销渠道的最终环节，处于商品流通的最终阶段。基本任务是直接为最终消费者服务，职能包括购、销、调、存、加工、拆零、分包、传递信息、提供销售服务等，在地点、时间与服务等方面方便消费者购买。零售商又是联系生产企业、批发商与消费者的桥梁，在分销途径中具有重要作用。完成产品最终实现价值的任务。零售商业种类繁多、经营方式变化快，构成了多样的、动态的零售分销系统。零售业是通路中的"最后一关"，厂商在研发、制造、广告等各方面的成果都在这关具体呈现，被消费者检视，另外厂商之间也在这里分出高下。同时，在所有通路成员中，零售业与消费者的互动最为密切，是影响消费者生活品质最重要的环节。

零售商业种类繁多、经营方式变化快，构成了多样的、动态的零售分销系统。主要有以下形式。

（一）零售商店

1. 百货商店

百货商店指综合各类商品品种的零售商店，其有如下特点。

（1）商品种类齐全。

（2）客流量大。

（3）资金雄厚，人才齐全。

（4）重视商誉和企业形象。

（5）注重购物环境和商品陈列。

2. 专业商店

专业商店指专门经营某一类商品或某一类商品中的某一品牌的商店，突出"专"。

（1）品种齐全。

（2）经营富有特色、个性。

（3）专业性强。

3. 超级市场

超级市场是以主、副食及家庭日用商品为主要经营范围，实行敞开式售货，顾客自我服务的零售商店，其有如下特点。

（1）实行自我服务和一次性集中结算的售货方式。

(2) 薄利多销，商品周转快。
(3) 商品包装规格化，条码化，明码标价，并要注有商品的质量和重量。

4. 便利商店

便利商店是接近居民生活区的小型商店。营业时间长，以经营方便品、应急品等周转快的商品为主，并提供优质服务。如饮料、食品、日用杂品、报纸杂志、快递服务等。商品品种有限，价格较高，但因方便，仍受消费者欢迎。

5. 折扣商店

折扣商店是以低价、薄利多销的方式销售商品的商店，其有如下特点。
(1) 设在租金便宜但交通繁忙的地段。
(2) 经营商品品种齐全，多为知名度高的品牌。
(3) 设施投入少，尽量降低费用。
(4) 实行自助式售货，提供服务很少。

6. 仓储商店

仓储商店是 20 世纪 90 年代后期才在我国出现的一种折扣商店，其有如下特点。
(1) 位于郊区低租金地区。
(2) 建筑物装修简单，货仓面积很大，一般不低于 1 万平方米。
(3) 以零售的方式运作批发，又称量贩商店。
(4) 通常采取会员制销售来锁定顾客。

7. 综合商店

综合商店是指经营多类商品的零售商店，又称"杂货店"，其有如下特点。
(1) 规模不大，分布较广，一般分布在城市乡村、街头巷尾。
(2) 开设比较容易。
(3) 经营品种较多，花色规格较少，具有方便消费者的优势。
(4) 价格低廉，主要是一些购买频繁、数量零星、挑选性不强的日用必需品。

8. 样品目录陈列室

样品目录陈列室是将商品目录和折扣原则应用于大量可选择的毛利高、周转快的有品牌商品的销售。主要包括珠宝饰物、摄影器材、皮箱、电动工具等。这些商店是 20 世纪 60 年代后期出现的，现已成为西方零售业极走红的零售方式。样品目录陈列室与传统的商品目录销售有所不同，后者主要供消费者在家购物，没有折扣，而顾客要过几天甚至更长的时间才能收到商品。样品目录陈列室每年要发行长达几百页的彩色商品目录（图册），每个品种都注有"目录价格"和"折扣价格"，顾客可用电话订购商品，并支付运费，或开车去陈列室看样选购。

9. 邮购目录营销

邮购目录营销是指运用目录作为传播信息载体，并通过直邮渠道向目标市场成员或消费者发布，从而获得对方直接反应而产生购买的零售方式。购买的途径主要是电话、邮件等订购，商家邮寄给潜在客户。根据目录营销的对象，可以将其分为针对消费者的目录和针对企业组织的目录两种邮购。其有如下特点。

(1) 商品信息量大。在以消费者为营销对象的目录中，产品品类繁多，包括服装、饰品、家庭用具、食品、日用品，等等。几乎大多数消费品都可以通过目录进行销售。目录中包含了各种商品的图片以及品质、规格和用途的说明，信息量大，有利于顾客进行比较和选择。

（2）印制精美的目录，令人赏心悦目。由于目录一般使用上档次的纸张印刷，而且图文并茂，综合运用美术、摄影和色彩技巧，利于对顾客产生感情诉求，敦促其做出购买决定。

（3）目录一般会被消费者保存。由于邮购目录信息量大，且印制精美，顾客可能会出于喜爱和以备将来之用而将目录保存下来，保存期从若干个月到若干年不等。这使得目录的促销效果增强，增加零售数量。

10. 自动售货机

自动售货机是能根据投入的钱币自动付货的机器，起源于20世纪70年代的日本和欧美。自动售货机是商业自动化的常用设备，它不受时间、地点的限制，能节省人力、方便交易。是一种全新的商业零售形式，又被称为24小时营业的微型超市。

11. 购物服务

购物服务是指围绕衣食住行、购物娱乐等日常消费事宜开展的相关服务。购物服务作为一个新兴的服务行业，在美国、英国、加拿大等发达国家广泛流行，给会员消费者带来了极大的便利与实惠。购物服务机构为其会员提供物品及服务方面的导购、代购、团购等服务，使会员购物消费更轻松、更经济、更便捷，为会员节省大量的时间、金钱和精力，从而使会员能更好的去享受生活，有效提升生活品质。

12. 流动售货

流动售货指零售企业采用流动售货车等，在不固定地点销售商品的一种形式。一般是现款交易，其销货收款方式通常采用"货款合一"的方法，营业员一手收钱，一手付货。货款由营业员保管，每日销货终了，由营业员将销货款送交财会部门。采用这种销售方式，顾客可就近购买商品，手续简便，方便群众。

（二）无店铺零售

1. 上门推销

上门推销是企业销售人员直接上门，挨门挨户逐个推销。著名的雅芳公司就是这种销售方式的典范。

2. 电话电视销售

这是一种比较新颖的无店铺零售形式。其特点是利用电话、电视作为沟通工具，向顾客传递商品信息，顾客通过电话直接订货，卖方送货上门，整个交易过程简单、迅速、方便。

3. 自动售货

自动售货是利用自动售货机销售商品。第二次世界大战以来，自动售货已被运用于多种商品的销售，如香烟、糖果、报纸、饮料、化妆品等。

4. 购货服务

购货服务主要服务于学校、医院、政府机构等大单位特定用户。零售商凭购物证给该组织成员一定的价格折扣。

（三）联合零售

1. 批发联号

批发联号是中小零售商自愿参加批发商的联号，联号成员以契约作联结，明确双方的权利和义务。批发商获得了忠实客户，零售商按比例在批发联号内进货，保证了供货渠道。

2. 零售商合作社

零售商合作社主要是由一群独立的零售商按照自愿、互利互惠原则成立的，以统一采购和联合促销为目的的联合组织。

3. 消费合作社

消费合作社是由社区居民自愿出资成立的零售组织，实行民主管理。这种商店按低价供应社员商品，或制定一定价格，社员按购物额分红。

4. 商店集团

商店集团是零售业的组织规模化形式，没有固定的模式。它是在一个控股公司的控制下包括各行业的若干商店，通常采用多角化经营。

（四）零售新业态

1. 连锁商业

连锁商业指众多的、分散的、经营同类商品或服务的零售企业，在核心企业（连锁总部）的领导下，以经济利益为连接纽带，统一领导，实行集中采购和分散销售，通过规范化经营管理，实现规模经济效益的现代流通组织形式。

2. 连锁超市

连锁超市是连锁商业形式和超级市场业态两者的有机结合。它是我国现代零售业主流，在发展中进一步细分和完善。如大型综合连锁超市（GMS），主要经营大众商品，其中70%是百货，30%是食品。又如仓储式会员店连锁超市，以零售方式运作批发，采用会员制。

3. 特许经营

特许经营是一种根据合同进行的商业活动，体现互利合作关系。一般是由特许授予人（简称特许人）按照合同要求，约束条件给予被授予人（简称受许人，亦称加盟者）的一种权利，允许受许人使用特许人已开发出的企业象征（如商标、商号）和经营技术、诀窍及其他工业产权。特许经营分为以下几类。

（1）商品商标型特许经营。

（2）经营模式特许经营。

（3）转换特许经营。

4. 商业街

商业街由经营同类的或异类的商品的多家独立零售商店集合在一个地区，形成的零售商店集中区，也有集购物、休闲、娱乐综合功能的商业街。

5. 购物中心

购物中心由零售商店及其相应设施组成的商店群体，作为一个整体进行开发和管理，通常包括一个或多个大的核心商店，并有许多小的商店环绕其中，有庞大的停车场设施，顾客购物来去方便。购物中心占地面积大，一般在十几万平方米。其主要特征是容纳了众多各种类型的商店，集餐饮、美容、娱乐、健身、休闲功能于一体，是一种超巨型的商业零售模式。

零售商是分销渠道的最终环节。面对个人消费者市场，是分销渠道系统的终端，直接联结消费者，完成产品最终实现价值的任务。零售商业对整个国民经济的发展起着重大的作用。只有长期稳定的利润才能保证零售商稳定的订货需求，厂家的一切手段和政策都应该围绕着如何保证零售商和厂家的利益，在实际实训操作中，应以企业和零售商的长远持久利益为主。零售商进货业务流程见图9.1所示。

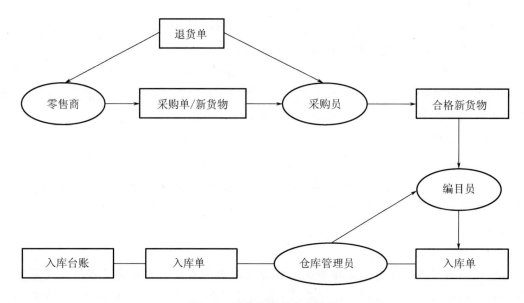

图 9.1　零售商进货业务流程

【实训目的与要求】

本实训的目的是加深学生对零售商管理的理解与认识，掌握零售商管理的目标，并对零售商管理的流程进行实训操作，从而更全面、细致地掌握零售商管理的实训操作流程。具体有如下要求。

(1) 掌握零售商进货业务流程的相关信息及各流程实训操作。
(2) 区分采购单、采购员和采购商等不同的角色和责任。
(3) 进一步熟悉改善货物存储流程，减少不合格率的相关数据原理。
(4) 增强学生的动手与实训操作能力，熟悉制造商管理各流程环节的要点。

【实训内容】

1. 采购管理

(1) 采购合同管理。

说明：根据模拟案例首先由华中销售公司向生产企业签订采购合同。

实训操作：单击对应"销售公司"后面的"进入系统"，打开【商品采购】模块中的【采购合同管理】项，然后单击"新增"，选择好相关信息后单击"保存"，再单击"增加商品记录"，录入商品信息。单击"确认"，然后返回最后"确认"此单据。如图9.2所示。

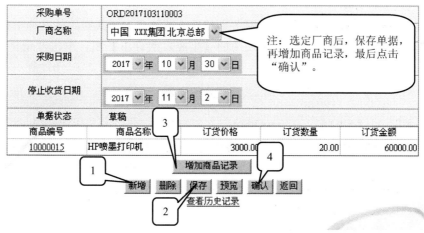

图 9.2 采购合同信息界面

注：生成采购合同后，系统数据流向财务。

（2）采购合同财务审核。

说明：采购合同签订后要由销售公司财务通过审核，才能生成采购订单。

实训操作：单击销售公司的【财务管理】模块中的【采购合同审核】项，如图 9.3（a）所示。选择相应单据，单击"审批"，如图 9.3（b）所示。

（a）

（b）

图 9.3 采购合同审核

注：财务部门审核以后，系统数据流向采购部门，生成有效正式采购单据。

(3) 生成采购订单。

说明：采购合同只有经销售公司财务审核后，才能生成正式有效的采购单据。

实训操作：单击【商品采购】模块中的【生成采购订单】项，单击"销售单编号"，如图 9.4（a）所示。然后选择相应单据，单击"生成订单"，如图 9.4（b）所示。

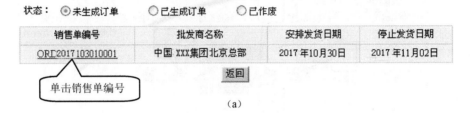

图 9.4　采购订单生成界面

注：生成采购订单后，此时系统数据流向生产企业。

(4) 产品销售订单确认。

说明：订单发送到生产企业后，首要由企业业务部门确定产品销售订单。之后此单据才开始正式生效。

实训操作：打开供应链管理系统选择生产厂商，单击界面右方的"进入系统"。选择【产品销售】模块中的【产品销售订单查询】项，如图 9.5（a）所示。单击"查询"，然后选择单据，指定生产完工后成品的发货仓库，如图 9.5（b）所示。然后单击"确认"，如图 9.5（c）所示。

图 9.5　产品销售订单管理界面

产品销售订单信息

单据编号	ORD2017103010001				
销售公司	中国×××集团北京总部				
订购日期	2017年10月30日				
停止收货日期	2017年11月02日				
单据状态	未处理				
商品编号	商品名称	订货价格	订货数量	订货金额	操作
10000014	HP喷墨打印机	3000.00	20.00	60000.00	指定发货仓库

指定完工后成品的发货仓

确认 返回

(b)

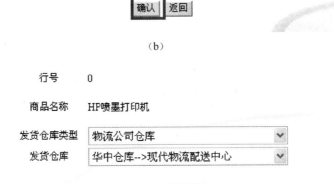

(c)

图9.5 产品销售订单管理界面(续)

注：生产企业对订单进行确认后，系统数据流向生产订单管理中的"商务订单"中。

图9.5中"华中仓库"在此处是指货物生产完工后，由存放到那个仓库发货到销售公司。一共有两种方式：一种是指定放到生产企业自己的仓库中；另外一种是存放在第三方的物流公司仓库，由物流公司配送到客户手中。因为我们的模拟数据中要求的是当产品生产完工后是存放在物流公司的，所以此处选择存放到第三方物流仓库。

2. 商品销售

(1)采购订单入库。说明：生产商根据销售商发送的采购订单，由原材料采购、到生产加工至成品并由第三方的物流公司配送到销售商。此时销售商开始对采购的打印机进行入库实训操作。

实训操作：进入销售公司，打开【商品采购】模块中的【采购订单入库】项，系统自动检索到订单。选择相应的订单编号，进入采购订单详细界面，如图9.6（a）所示。选择好入库仓库和输入入库数量并确认，如图9.6（b）所示。

(a)

(b)

图 9.6　采购订单管理界面

注：采购订单入库后，系统数据流向仓库采购入库。如果选择的是存放在第三方物流仓库，数据则流向物流公司商品入库。

（2）仓库采购入库。

实训操作：进入销售公司，打开【库存管理】模块中的【仓库采购入库】项，选择好采购时间单击"查询"，系统自动检索到入库订单。单击相应的采购单据实训操作列表中的"入库"，再单击"确认"，如图 9.7 所示。

图 9.7　仓库入库列表

（3）采购应付款管理。

说明：销售商与生产企业交付商品采购费用。

实训操作：进入【财务管理】模块中的【采购应付款管理】项，单击“查询”，系统自动检测出所有原材料采购的应付款项，单击“结算”，生成付款单据，如图 9.8 所示。

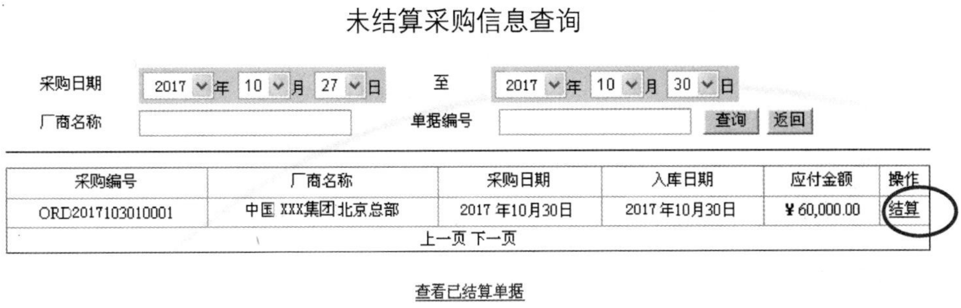
未结算采购信息查询
采购日期 2017 年 10 月 27 日 至 2017 年 10 月 30 日
厂商名称
单据编号
查询 返回
采购编号 | 厂商名称 | 采购日期 | 入库日期 | 应付金额 | 操作
ORD2017103010001 | 中国 XXX集团北京总部 | 2017 年10月30日 | 2017 年10月30日 | ¥60,000.00 | 结算
上一页 下一页
查看已结算单据

图 9.8　采购应付款管理界面

（4）采购付款管理。

说明：销售商根据生成的应付款单据，对生产企业进行付费实训操作。

实训操作：进入【财务管理】模块中的【采购付款管理】项，单击“查询”，系统自动检测出所有采购的应付款项，单击实训操作列表项的“付款”，录入付款金额与付款方式，如图 9.9（a）所示。结算过的单据系统将列入历史记录中，如图 9.9（b）所示。

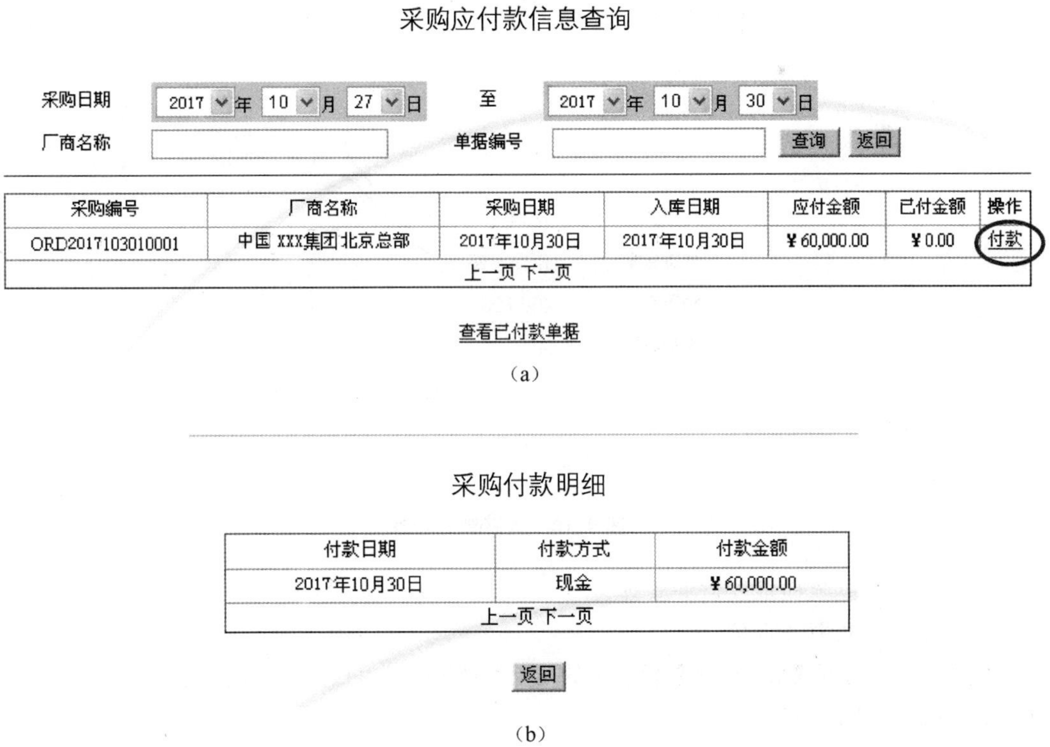
采购应付款信息查询
采购日期 2017 年 10 月 27 日 至 2017 年 10 月 30 日
厂商名称
单据编号
查询 返回
采购编号 | 厂商名称 | 采购日期 | 入库日期 | 应付金额 | 已付金额 | 操作
ORD2017103010001 | 中国 XXX集团北京总部 | 2017年10月30日 | 2017年10月30日 | ¥60,000.00 | ¥0.00 | 付款
上一页 下一页
查看已付款单据
(a)
采购付款明细
付款日期 | 付款方式 | 付款金额
2017年10月30日 | 现金 | ¥60,000.00
上一页 下一页
返回
(b)

图 9.9　采购付款管理界面

(5) 批发销售。

说明：销售公司货物成功采购入库后开始销售自己的商品。

实训操作：进入销售公司，打开【批发管理】模块中的【批发销售】项，选择批发商，单击"增加商品记录"，录入数据单击"保存"，然后单击"确认"，如图 9.10（a）所示。增加商品记录明细，如图 9.10（b）所示。

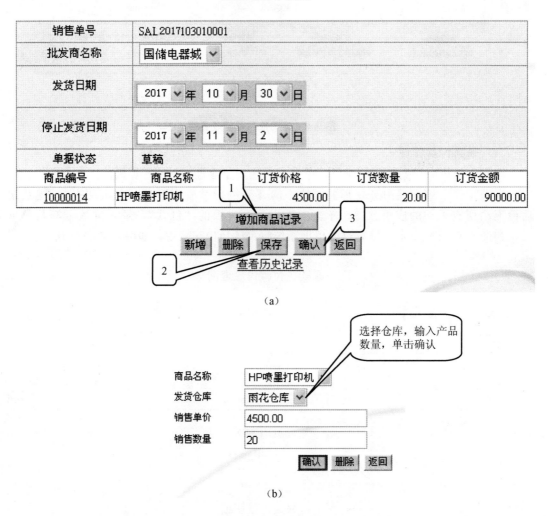

图 9.10　批发销售管理

注：系统数据流向批发财务管理。

(6) 批发销售财务审核。

实训操作：打开【财务管理】模块中的【批发销售财务审核】项，选择单据，如图 9.11（a）所示。审批，如图 9.11（b）所示。

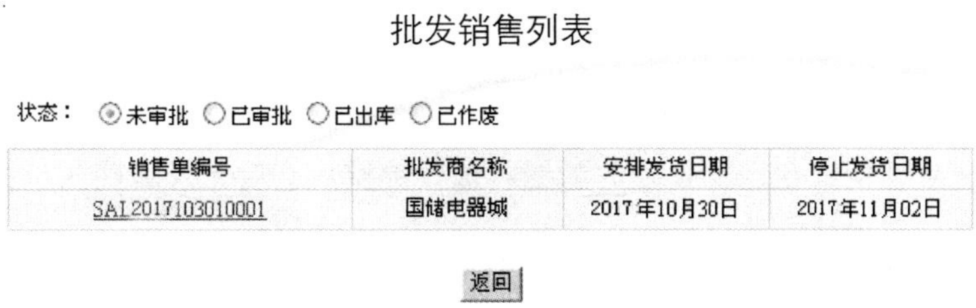
批发销售列表
状态：
未审批
已审批
已出库
已作废
销售单编号
批发商名称
安排发货日期
停止发货日期
SAL2017103010001
国储电器城
2017年10月30日
2017年11月02日
返回

（a）

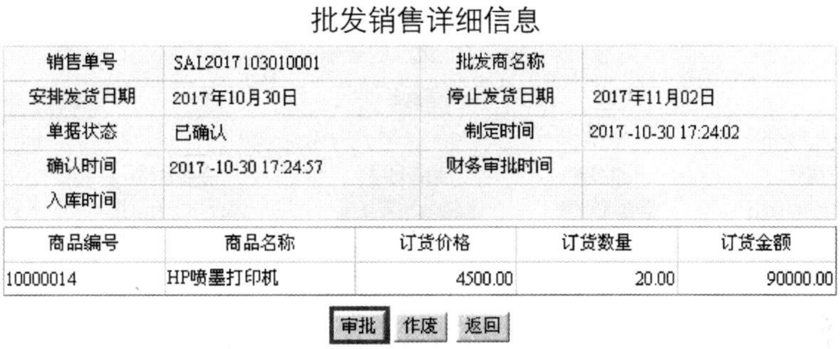
批发销售详细信息
销售单号
SAL2017103010001
批发商名称
安排发货日期
2017年10月30日
停止发货日期
2017年11月02日
单据状态
已确认
制定时间
2017-10-30 17:24:02
确认时间
2017-10-30 17:24:57
财务审批时间
入库时间
商品编号
商品名称
订货价格
订货数量
订货金额
10000014
HP喷墨打印机
4500.00
20.00
90000.00
审批
作废
返回

（b）

图 9.11　批发销售单审核

注：财务审核后，系统数据流向批发销售出库。

（7）批发销售出库。

实训操作：打开【库存管理】模块中的【批发销售出库】项，选择单据，如图 9.12（a）所示。单击“出库”，如图 9.12（b）所示。

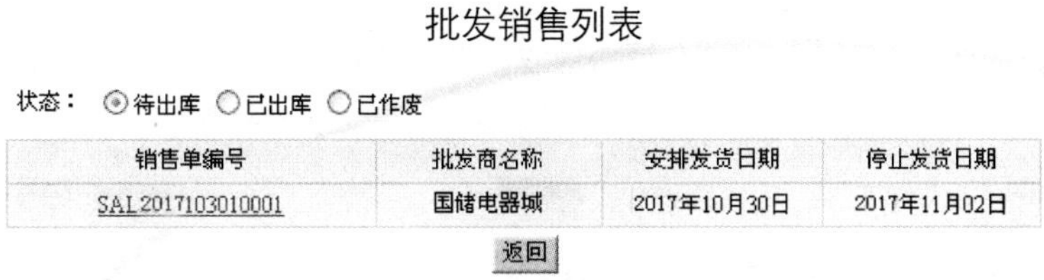
批发销售列表
状态：
待出库
已出库
已作废
销售单编号
批发商名称
安排发货日期
停止发货日期
SAL2017103010001
国储电器城
2017年10月30日
2017年11月02日
返回

（a）

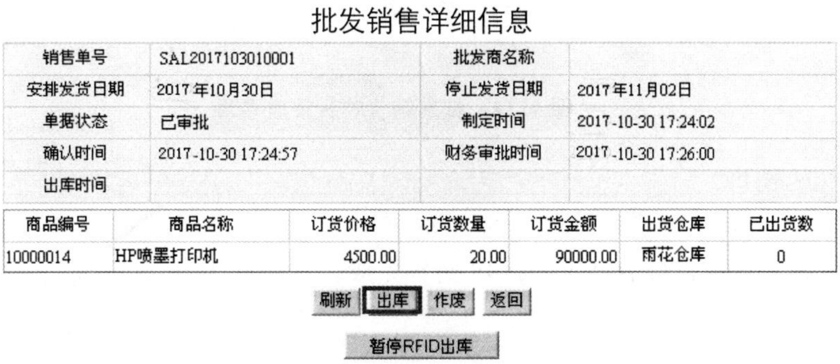
批发销售详细信息
销售单号
SAL2017103010001
批发商名称
安排发货日期
2017年10月30日
停止发货日期
2017年11月02日
单据状态
已审批
制定时间
2017-10-30 17:24:02
确认时间
2017-10-30 17:24:57
财务审批时间
2017-10-30 17:26:00
出库时间
商品编号
商品名称
订货价格
订货数量
订货金额
出货仓库
已出货数
10000014
HP喷墨打印机
4500.00
20.00
90000.00
雨花仓库
0
刷新
出库
作废
返回
暂停RFID出库

（b）

图 9.12　批发销售出库管理

注：批发销售出库后，数据流向财务管理中的销售应收款管理。

（8）销售应收款管理。

实训操作：打开【财务管理】模块中的【销售应收款管理】项，选择好销售日期并单击"查询"，系统自动检索到需要收款的单据，选择单据，核对无误后确认单据，重新返回批发销售结算界面，对未结算单据进行"结算"，如图9.13所示。

未结算销售信息查询

图 9.13 批发销售应收款管理界面

注：应收款结算成功后数据流向财务销售收款管理项。

（9）销售收款管理。

实训操作：打开【财务管理】模块中的【销售收款管理】项，选择好销售日期并单击"查询"，系统自动检索到结算的单据，如图9.14所示，单击列表中的"收款"，录入收款方式及收款金额后确认收款，批发销售完成。

图 9.14 批发销售收款管理界面

（10）POS销售。

实训操作：打开零售管理模块中的POS销售项，输入商品条码或商品编号，单击"录入"，编辑数量，更新，最后结算，POS销售完成，如图9.15所示。

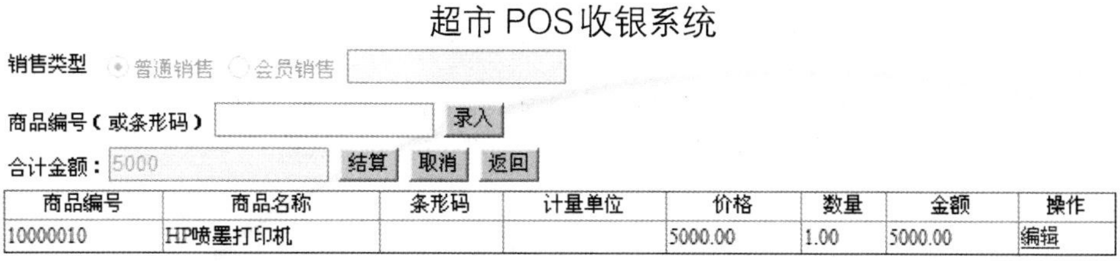
超市POS收银系统
销售类型 普通销售 会员销售
商品编号（或条形码） 录入
合计金额： 5000 结算 取消 返回
商品编号 商品名称 条形码 计量单位 价格 数量 金额 操作
10000010 HP喷墨打印机 5000.00 1.00 5000.00 编辑

图 9.15　POS 收银机销售界面

（11）会员管理。

实训操作：打开【零售管理】模块中的【会员管理】项，单击“新增会员”，录入数据，然后单击“保存”，如图 9.16 所示。

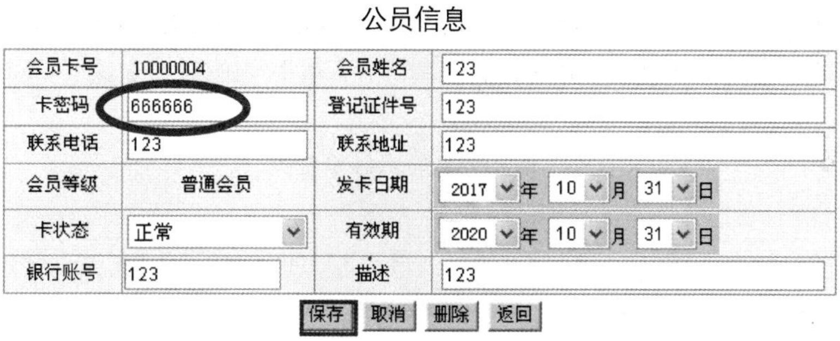
公员信息
会员卡号 10000004 会员姓名 123
卡密码 666666 登记证件号 123
联系电话 123 联系地址 123
会员等级 普通会员 发卡日期 2017 年 10 月 31 日
卡状态 正常 有效期 2020 年 10 月 31 日
银行账号 123 描述 123
保存 取消 删除 返回

图 9.16　会员信息管理

（12）网上商城。

实训操作：打开【零售管理】模块中的【网上商城】项，用自己注册的会员登录网上商城，如图 9.17（a）所示。选择要购买的物品，放入购物车，然后单击“去收银台”结算，选择送货方式（自提），单击“结算”，如图 9.17（b）所示。

123 你好！
购物车里有0件商品
[退出]
商城公告
最新商品
在线留言
商城首页
最新公告
该商城没有发布任何公告
最新商品上架排行
HP喷墨打印机
5000
购买
会员功能
购物车管理
收银台结算
订单管理
发表留言
查看留言
商品搜索
搜索方式
商品名称
关键字词
搜索

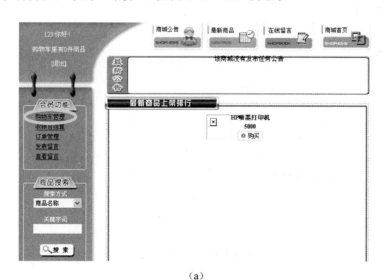

（a）

图 9.17　网上商城结算管理

[购物车管理]

(b)

图 9.17　网上商城结算管理（续）

注：系统数据流向网上订单确认。

（13）网上订单确认。

实训操作：打开【零售管理】模块中的【网上订单确认】项，单击"查询"，如图 9.18（a）所示。选择订单编号，出现网上销售信息，核对后，单击"确认"，如图 9.18（b）所示。

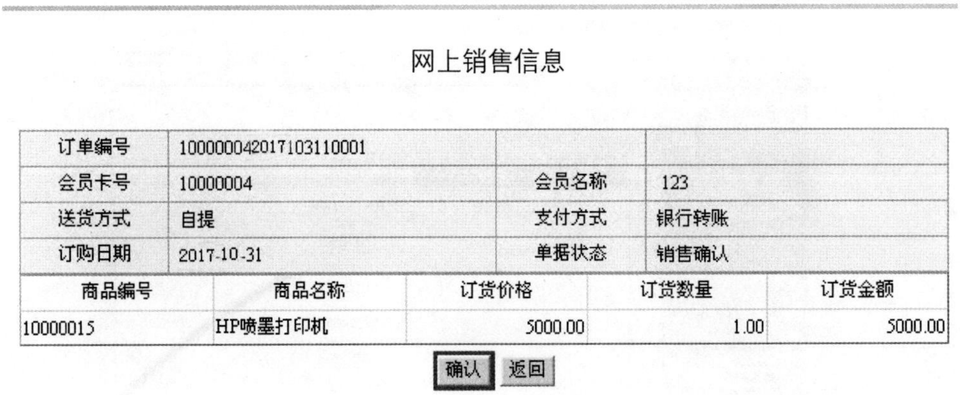

(a)

(b)

图 9.18　网上销售确认界面

注：订单确认后，系统数据流向财务。

(14) 网上销售财务审核。

实训操作：打开【财务管理】模块中的【网上销售财务审核】项，如图 9.19（a）所示。选择单据确认，如图 9.19（b）所示。

(a)

(b)

图 9.19 网上销售确认

注：财务审核后，系统数据流向物流公司仓库商品出库。

(15) 网上销售出库。

实训操作：打开【库存管理】模块中的【网上销售出库】项，单击"查询"，如图 9.20（a）所示。选择订单编号后，出现网上销售信息单，最后单击"出库"，如图 9.20（b）所示。

(a)

图 9.20 网上销售商品出库界面

网上销售信息

订单编号	100000042017103110001		
会员卡号	10000004	会员名称	123
送货方式	自提	支付方式	银行转账
订购日期	2017-10-31	单据状态	财务确认
商品编号	商品名称	订货价格	订货数量	订货金额	出库仓库
10000015	HP喷墨打印机	5000.00	1.00	5000.00	雨花仓库

出库　返回

(b)

图 9.20　网上销售商品出库界面（续）

【实训总结】

实训结束后，学生对模拟实训进行总结，重新选取某零售商管理的各个流程实训操作，编写出实训报告。

实训报告包括如下内容。

（1）实训的目的。

（2）实训的要求。

（3）实训的内容。

（4）本次实训过程中取得的主要收获和体会。

【思考题】

（1）零售商进货业务流程有哪些？

（2）如何区分采购单、采购员和采购商等不同的角色和各自承担的责任？

（3）零售商应该采取什么策略可以改善货物存储流程，减少产品储存中不合格率？

（4）怎样去有效激励零售商？

实训十　物流公司管理

【基础知识】

物流公司是一种公司的类型，泛指经营物流相关的运输、仓储、配送等行业的公司。是生产经营企业为集中精力搞好主业，把原来属于自己处理的物流活动，以合同方式委托给专业物流服务企业，同时通过信息系统与物流企业保持密切联系，以达到对物流全程管理和控制的一种物流运作与管理方式。物流公司常扮演在供货商与零售业者之间负责集货、理货、库存、配送等角色，所以物流公司有时也会兼营大盘商的角色。

根据物流公司以某项服务功能为主要特征，并向物流服务其他功能延伸的不同状况，划分为：运输型物流公司、仓储型物流公司和综合服务型物流公司。

1. 运输型物流企业

运输型物流企业应同时符合以下要求。

(1) 以从事货物运输业务为主，包括货物快递服务或运输代理服务，具备一定规模。

(2) 可以提供门到门运输、门到站运输、站到门运输、站到站运输服务和其他物流服务。

(3) 企业自有一定数量的运输设备。

(4) 具备网络化信息服务功能，应用信息系统可对运输货物进行状态查询、监控。

2. 仓储型物流企业

仓储型物流企业应同时符合以下要求。

(1) 以从事仓储业务为主，为客户提供货物储存、保管、中转等仓储服务，具备一定规模。

(2) 企业能为客户提供配送服务以及商品经销、流通加工等其他服务。

(3) 企业自有一定规模的仓储设施、设备，自有或租用必要的货运车辆。

(4) 具备网络化信息服务功能，应用信息系统可对货物进行状态查询、监控。

3. 综合服务型物流企业

综合服务型物流企业应同时符合以下要求。

(1) 从事多种物流服务业务，可以为客户提供运输、货运代理、仓储、配送等多种物流服务，具备一定规模。

(2) 根据客户的需求，为客户制定整合物流资源的运作方案，为客户提供契约性的综合物流服务。

(3) 按照业务要求，企业自有或租用必要的运输设备、仓储设施及设备。

(4) 企业具有一定运营范围的货物集散、分拨网络。

(5) 企业配置专门的机构和人员，建立完备的客户服务体系，能及时、有效地提供客户服务。

(6) 具备网络化信息服务功能，应用信息系统可对物流服务全过程进行状态查询和监控。

具体业务流程如图 10.1 所示。

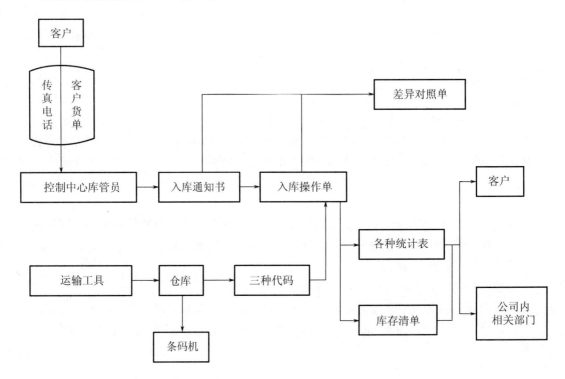

图 10.1 物流公司业务流程图

按照物流公司是自行完成和承担物流业务，还是委托他人进行实训操作，还可将物流企业分为物流自理公司和物流代理公司。物流自理公司就是常说的物流公司，它可进一步按照业务范围进行划分。物流代理公司同样可以按照物流业务代理的范围，分成综合性物流代理公司和功能性物流代理公司，功能性物流代理公司包括运输代理公司（货代公司）、仓储代理公司（仓代公司）和流通加工代理公司等。下面我们将以某食品物流公司为案例进行物流公司业务流程实训操作。

项目一　物流公司接单管理实训

【实训目的】

(1) 了解供应链物流公司与制造商之间密切的沟通往来。

(2) 掌握供应链物流公司接单管理的具体模式。

（3）熟练掌握供应链物流公司接单管理的具体实训操作流程。

【实训内容】

制造商接收零售商的订单，并按自身产能及其他实际情况为零售商做出详细的供货计划之后，会发送供货列表给物流公司，以备物流公司作为配送产品的依据，这时的通知需在物流公司接单管理配送通知环节接收。

制造商接收零售商的订单后，会按自身产能及其他实际情况通过 MRP 运算计算出对各种物料的详细需求，制造商把物料详细需求发送给物流公司，以备物流公司及时送料到位，制造商能正常生产，这时的通知需在物流公司接单管理需求通知环节接收。

物流公司按时为制造商送料，制造商按时生产好产品后，会通知物流公司将产品入库，这时的成品入库通知需在物流公司接单管理成品到货环节接收。

【实训步骤】

1. 配送通知

接收制造商订单管理实训的配送通知环节发送的配送通知单。左边菜单栏单击【接单管理】→【配送通知】。

（1）选择一个从制造商订单管理环节发送过来的配送通知单，单击"查看通知"，查看选中配送通知明细；单击"接收"，跳转至下一页面，此页面列出了该零售商订单所订购产品的供货明细。

（2）按照事先准备好的数据，对应填写各输入项，单击"保存"，返回跳转至上一页面，配送通知接收成功。此处接收到的供货明细将在物流公司配送过程中使用。结果如图 10.2 所示。

图 10.2 物流公司配货通知单

2. 需求通知

接收制造商需求管理实训需求通知环节发送的需求通知单，左边菜单栏单击【接单管理】→【需求通知】。

（1）选择一个从制造商需求管理环节发送过来的需求通知单，单击"查看通知"，查看选中需求通知明细；单击"接收"，跳转至下一页面，此页面列出了制造商在一个固定时间段内（本系统为四周）的物料需求明细。

（2）按照事先准备好的数据，对应填写各输入项，单击"保存"，返回跳转至上一页面，需求通知接收成功。此处接收到的制造商物料需求明细将在物流公司配送过程中使用。结果如图10.3所示。

图 10.3　物流公司需求通知单

3. 成品到货

接收制造商生产管理实训发送的成品入库通知单，左边菜单栏单击【接单管理】→【成品到货】。

（1）选择一个从制造商生产管理环节发送过来的成品到货通知单，单击"查看产品"，查看选中成品到货明细；单击"到货接单"，跳转至下一页面，此页面列出了制造商在一个固定时间段内（本系统为四周）生产的所有成品。

（2）按照事先准备好的数据，对应填写各输入项，单击"保存"，返回跳转至上一页面，成品入库通知接收成功。物流公司方可进行对成品的配送。结果如图10.4所示。

图 10.4　物流公司成品到货通知单

【实训总结】

实训结束后,学生对模拟实训进行总结,重新选取某行业物流公司接单管理实训操作及相应的基础信息录入,编写出实训报告。

实训报告包括如下内容。
(1) 实训的目的。
(2) 实训的要求。
(3) 实训的内容。
(4) 本次实训过程中取得的主要收获和体会。

【思考题】

(1) 物流公司如何发出订单需求信息?
(2) 物流公司产品到货是否会有信息通知?
(3) 物流公司到货后应该采取哪些实训操作?

项目二 物流公司采购管理实训

【实训目的】

(1) 了解供应链物流公司采购管理理念。
(2) 掌握供应链物流公司采购管理的模式。
(3) 熟练掌握供应链物流公司采购管理的具体实训操作流程。

【实训内容】

采购管理环节,物流公司会按照制造商送来的物料需求制作采购计划,再按照采购计划生成采购订单,再向供应商采购物料,供应商收到订单,备货完成后再发货给物流公司,以到货通知的形式通知物流公司接货。

【实训步骤】

1. 采购计划

左边菜单栏单击【采购管理】→【采购计划】。

(1) 单击"新增",跳转至下一页面,此页面列出了满足做采购计划的每个时间段。
(2) 选择一个时间段,页面下方列表会列出该时间段内的采购申请单,选择欲做采购计划的采购申请单,单击"确定",跳转至下一页面,此页面列出了所选择采购申请单的物料采购明细。

(3) 按照事先准备好的数据，对应填写各输入项，单击"保存"，返回跳转至上一页面，采购计划单生成完毕，生成的采购计划单流动至采购申请环节。实训结果如图10.5所示。

图 10.5　物流公司采购计划单

2. 采购申请

左边菜单栏单击【采购管理】→【采购申请】。

(1) 选择刚才在采购计划环节生成的采购计划单，单击"生成订单"，跳转至下一页面，此页面列出了该采购计划单对应的物料明细。

(2) 单击"确定"，生成采购订单。生成的采购订单以备下一环节——订单处理环节实训操作。具体实训结果如图10.6所示。

采购订单号	物料编码	物料名称	规格型号	采购数量	计划开始日期	计划结束日期	状态
PONO201204110029	0000025	葡萄糖浆	120克×30瓶	1200瓶	2012-01-01	2012-01-22	未审核
PONO201204110030	0000024	白砂糖	50kg/袋	1200袋	2012-01-01	2012-01-22	未审核
PONO201204110031	0000027	柠檬酸	BP93	1200瓶	2012-01-01	2012-01-22	未审核
PONO201204110032	0000026	全脂甜炼乳	370g	1200支	2012-01-01	2012-01-22	未审核

图 10.6　物流公司采购申请单

3. 订单处理

左边菜单栏单击【采购管理】→【订单处理】。

(1) 选择采购订单，单击"订单处理"，跳转至下一页面，此页面内物流公司可以为所需物料挑选满意的供应商。

(2) 按照事先准备好的数据，对应填写各输入项，单击"保存"，返回跳转至上一页面，再选择刚才选择供应商的采购订单，单击"审核"，完成订单处理，采购订单进入订单发送环节，以备物流公司发送给相应供应商。实训结果如图10.7所示。

4. 订单发送

左边菜单栏单击【采购管理】→【订单发送】。

(1) 选择采购订单，单击"订单发送"，实现发送采购订单给相应供应商。

图 10.7 物流公司采购订单审核

（2）至此，采购订单转入供应商平台进行处理，直至供应商按照物流公司的采购订单发货给物流公司，物流公司方能接收到供应商发来的采购到货通知。

5．采购到货

左边菜单栏单击【采购管理】→【采购到货】。

（1）选择到货通知单，单击"到货接单"。

（2）按照事先准备好的数据，对应填写各输入项，单击"保存"，返回跳转至上一页面，完成到货通知的接收。至此，物流公司完成了采购流程，可以进入下一模块，进行配送计划。实训结果如图 10.8 所示。

图 10.8 物流公司采购订单到货

【实训总结】

实训结束后，学生对模拟实训进行总结，重新选取某产品进行采购管理实训操作及相应的基础信息录入，编写出实训报告。

实训报告包括如下内容。
(1) 实训的目的。
(2) 实训的要求。
(3) 实训的内容。
(4) 本次实训过程中取得的主要收获和体会。

【思考题】

(1) 供应链物流公司采购管理理念是什么？
(2) 供应链物流公司采购管理的模式有哪些？它们之间的区别与联系是什么？
(3) 供应链物流公司采购管理的具体实训操作流程是什么？

项目三　物流公司配送计划实训

【实训目的】

(1) 了解供应链中物流公司配送计划管理的理念。
(2) 掌握供应链物流公司配送计划管理的具体模式。
(3) 熟练掌握供应链物流公司配送计划管理的具体实训操作流程。

【实训内容】

物流公司对配送指令单进行入库指令实训操作，对应配送指令单进入入库管理模块；用户对配送指令单进行配送计划实训操作，对应配送指令进入配送计划模块的配送计划环节，经配送计划环节审核确认后，方可进入配送管理模块。

【实训步骤】

1. 配送指令

左边菜单栏单击【配送计划】→【配送指令】。

(1) 选择一个配送指令单，单击"入库指令"，配送指令单进入入库管理模块；选择一个配送指令单，单击"配送计划"，跳转至下一页面。其中，"入库指令"和"配送计划"是相排斥的两功能，即一条配送指令在一次实训操作中，要么做"入库指令"，要么做"配送计划"。

(2) 按照事先准备好的数据，对应填写各输入项，单击"保存"，返回跳转至上一页面，对所选择记录进行配送计划实训操作成功。结果如图 10.9 所示。

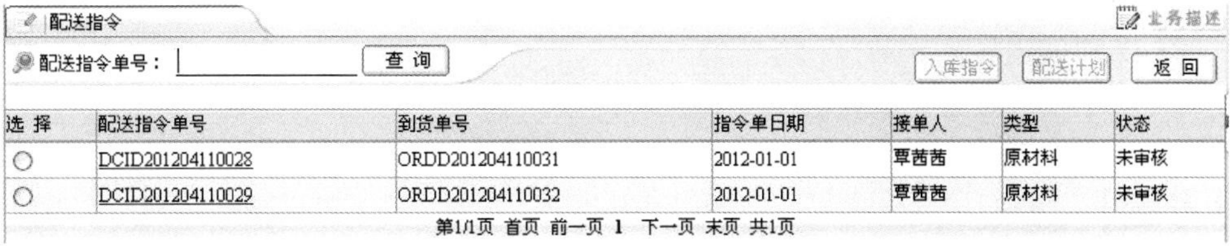

选 择	配送指令单号	到货单号	指令单日期	接单人	类型	状态
○	DCID201204110028	ORDD201204110031	2012-01-01	覃茜茜	原材料	未审核
○	DCID201204110029	ORDD201204110032	2012-01-01	覃茜茜	原材料	未审核

图 10.9　物流公司配送指令单

2. 指令审核

左边菜单栏单击【配送计划】→【配送指令】。

选择一个配送指令单，单击“审核”，完成对配送指令单的审核确认，如图 10.10 所示；完成配送计划后的对应物品方可在配送管理模块进行配送。如果配送计划单配送的是物料，需等待一种产品所需的所有物料都到齐后方可完成“物料齐套”；如果配送计划单配送的是成品，则直接进入“成品理货”环节进行成品理货。

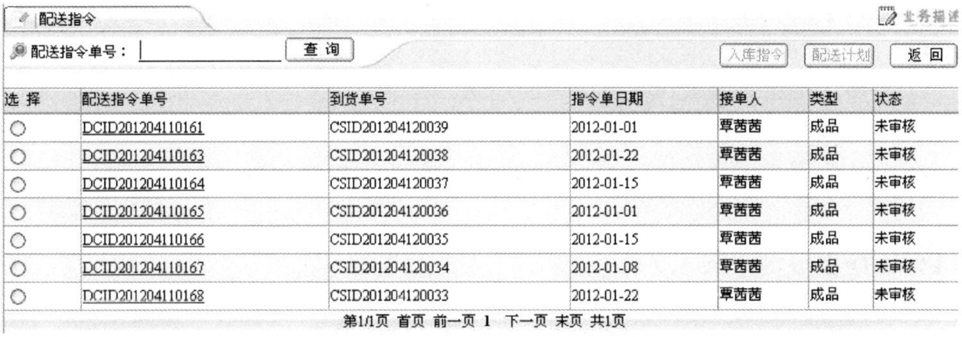

选 择	配送指令单号	到货单号	指令单日期	接单人	类型	状态
○	DCID201204110161	CSID201204120039	2012-01-01	覃茜茜	成品	未审核
○	DCID201204110163	CSID201204120038	2012-01-22	覃茜茜	成品	未审核
○	DCID201204110164	CSID201204120037	2012-01-15	覃茜茜	成品	未审核
○	DCID201204110165	CSID201204120036	2012-01-01	覃茜茜	成品	未审核
○	DCID201204110166	CSID201204120035	2012-01-15	覃茜茜	成品	未审核
○	DCID201204110167	CSID201204120034	2012-01-08	覃茜茜	成品	未审核
○	DCID201204110168	CSID201204120033	2012-01-22	覃茜茜	成品	未审核

图 10.10　物流公司配送指令单

3. 指令查询

左边菜单栏单击【配送计划】→【指令查询】，如图 10.11 所示。

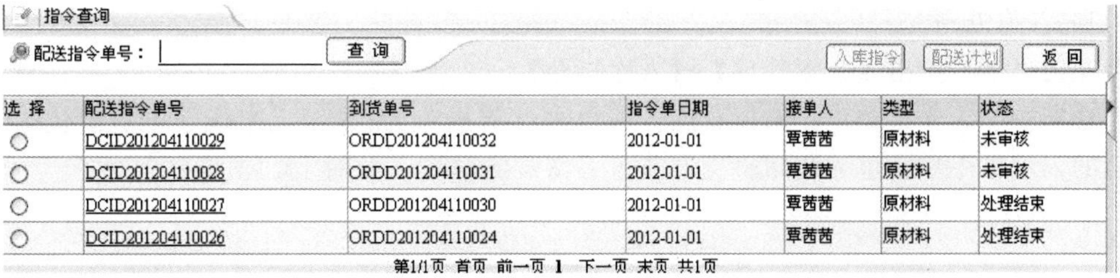

选 择	配送指令单号	到货单号	指令单日期	接单人	类型	状态
○	DCID201204110029	ORDD201204110032	2012-01-01	覃茜茜	原材料	未审核
○	DCID201204110028	ORDD201204110031	2012-01-01	覃茜茜	原材料	未审核
○	DCID201204110027	ORDD201204110030	2012-01-01	覃茜茜	原材料	处理结束
○	DCID201204110026	ORDD201204110024	2012-01-01	覃茜茜	原材料	处理结束

图 10.11　物流公司配送指令查询

【实训总结】

实训结束后，学生对模拟实训进行总结，重新选取某物流公司进行产品配送管理实训操作及相应的基础信息录入，编写出实训报告。

实训报告包括如下内容。

（1）实训的目的。

（2）实训的要求。

（3）实训的内容。

（4）本次实训过程中取得的主要收获和体会。

【思考题】

（1）供应链物流公司配送计划管理的理念有哪些？

（2）供应链物流公司配送计划管理的具体模式有哪些？

（3）供应链物流公司配送计划管理的具体实训操作流程是什么？

项目四　物流公司入库管理实训

【实训目的】

（1）了解供应链物流公司入库管理的理念。

（2）掌握供应链物流公司入库管理的具体模式。

（3）熟练掌握供应链物流公司入库管理的具体实训操作流程。

【实训内容】

物流公司对入库指令进行审核确认后，开始装卸验货，然后把货物上架，完成整个入库过程。

【实训步骤】

1. 入库指令

左边菜单栏单击【入库管理】→【入库指令】。

选择一个入库指令单，选择仓库，并单击“审核”，完成对入库指令单的审核确认；审核后的入库指令单会进入装卸验货环节，等待装卸验货，如图 10.12 所示。

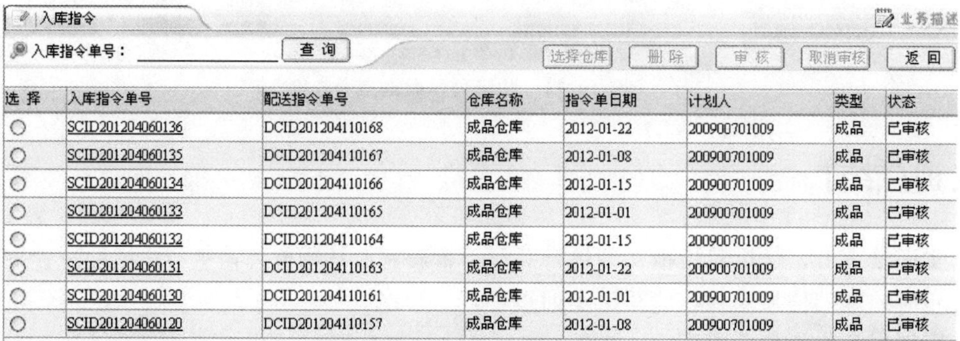

选 择	入库指令单号	配送指令单号	仓库名称	指令单日期	计划人	类型	状态
○	SCID201204060136	DCID201204110168	成品仓库	2012-01-22	200900701009	成品	已审核
○	SCID201204060135	DCID201204110167	成品仓库	2012-01-08	200900701009	成品	已审核
○	SCID201204060134	DCID201204110166	成品仓库	2012-01-15	200900701009	成品	已审核
○	SCID201204060133	DCID201204110165	成品仓库	2012-01-01	200900701009	成品	已审核
○	SCID201204060132	DCID201204110164	成品仓库	2012-01-15	200900701009	成品	已审核
○	SCID201204060131	DCID201204110163	成品仓库	2012-01-22	200900701009	成品	已审核
○	SCID201204060130	DCID201204110161	成品仓库	2012-01-01	200900701009	成品	已审核
○	SCID201204060120	DCID201204110157	成品仓库	2012-01-08	200900701009	成品	已审核

图 10.12　物流公司配送入库指令

2. 装卸验货

左边菜单栏单击【入库管理】→【装卸验货】。

(1) 选择一条入库指令单，单击“装卸验货”，跳转至下一页面。

(2) 按照事先准备好的数据，对应填写各输入项，单击“保存”，返回跳转至前一页面，即完成装卸验货实训操作；再选择刚才装卸验货完毕的入库指令单，单击“验货完成”，即完成了对装卸验货的确认，如图 10.13 所示。此时，入库指令单进入入库上架环节，等待入库上架的实训操作。

选 择	入库指令单号	指令单日期	接单人	类型	验货人	状态
○	SCID201204060136	2012-01-22	200900701009	成品	贾茜茜	已审核
○	SCID201204060135	2012-01-08	200900701009	成品	贾茜茜	已审核
○	SCID201204060134	2012-01-15	200900701009	成品	贾茜茜	已审核
○	SCID201204060133	2012-01-01	200900701009	成品	贾茜茜	已审核
○	SCID201204060132	2012-01-15	200900701009	成品	贾茜茜	已审核
○	SCID201204060131	2012-01-22	200900701009	成品	贾茜茜	已审核
○	SCID201204060130	2012-01-01	200900701009	成品	贾茜茜	已审核
○	SCID201204060120	2012-01-08	200900701009	成品	贾茜茜	已审核

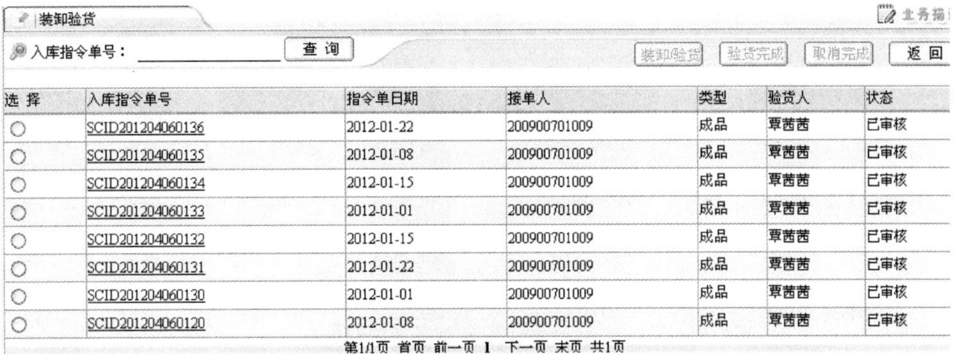

图 10.13　物流公司配送装卸验货

3. 入库上架

入库上架分为自动上架和手动上架两种方式。自动上架有多种策略，例如：按物料唯一性上架，按供应商上架，按物料类别上架等。用户可以选择任一方式对物品进行上架实训操作。

左边菜单栏单击【入库管理】→【入库上架】，如图 10.14 所示。

选 择	入库指令单号	配送指令单号	指令单日期	计划人	类型	状态
◉	SCID201204060020	DCID201204110029	2012-01-01	200900701009	原材料	已验货
○	SCID201204060019	DCID201204110028	2012-01-01	200900701009	原材料	已验货

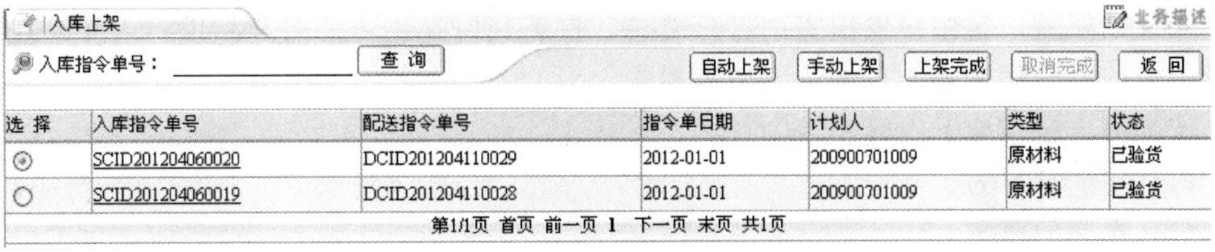

图 10.14　物流公司配送入库上架

自动上架。①选择一条入库指令单，单击“自动上架”，跳转至下一页面，如图 10.15 所示。

物料编码	物料名称	规格型号	仓位号	上架数量	上架批次
0000026	全脂甜炼乳	370g	GSF-A-04	1200 支	201204110009

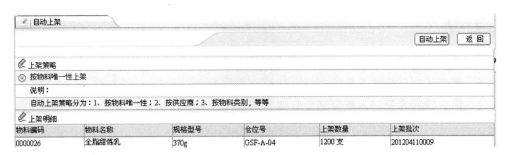

图 10.15　物流公司配送自动上架

② 单击“自动上架”，按选中策略进行自动上架，上架结束后，已上架物料的明细会列于页面下方，单击“返回”，跳转至入库上架主页面；选择刚才上架结束的入库指令单，单击“上架完成”，对入库上架进行审核确认。

4．入库完成

左边菜单栏单击【入库管理】→【入库完成】，如图 10.16 所示。

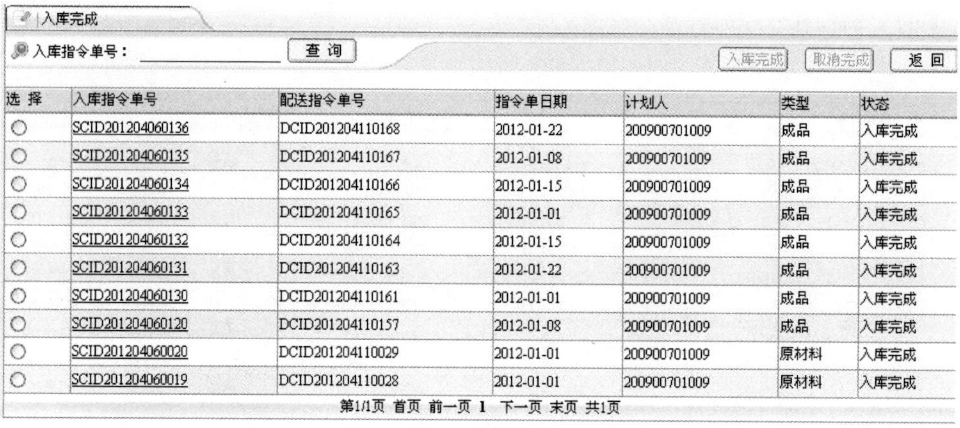

选 择	入库指令单号	配送指令单号	指令单日期	计划人	类型	状态
○	SCID201204060136	DCID201204110168	2012-01-22	200900701009	成品	入库完成
○	SCID201204060135	DCID201204110167	2012-01-08	200900701009	成品	入库完成
○	SCID201204060134	DCID201204110166	2012-01-15	200900701009	成品	入库完成
○	SCID201204060133	DCID201204110165	2012-01-01	200900701009	成品	入库完成
○	SCID201204060132	DCID201204110164	2012-01-15	200900701009	成品	入库完成
○	SCID201204060131	DCID201204110163	2012-01-22	200900701009	成品	入库完成
○	SCID201204060130	DCID201204110161	2012-01-01	200900701009	成品	入库完成
○	SCID201204060120	DCID201204110157	2012-01-08	200900701009	成品	入库完成
○	SCID201204060020	DCID201204110029	2012-01-01	200900701009	原材料	入库完成
○	SCID201204060019	DCID201204110028	2012-01-01	200900701009	原材料	入库完成

图 10.16 物流公司配送入库完成

选择刚才在入库上架环节完成的入库指令单，单击“入库完成”，跳转至下一页面，在此页面用户可设置入库指令单的入库完成日期。

【实训总结】

实训结束后，学生对模拟实训进行总结，重新选取某物流公司产品进行入库管理实训操作及相应的基础信息录入，编写出实训报告。

实训报告包括如下内容。

（1）实训的目的。

（2）实训的要求。

（3）实训的内容。

（4）本次实训过程中取得的主要收获和体会。

【思考题】

（1）供应链物流公司入库管理的理念有哪些？

（2）供应链物流公司入库管理的具体模式有哪些？

（3）供应链物流公司入库管理的具体实训操作流程是什么？

项目五 物流公司出库管理实训

【实训目的】

(1) 了解供应链物流公司出库管理理念。
(2) 掌握供应链物流公司出库管理的模式。
(3) 熟练掌握供应链物流公司出库管理的具体实训操作流程。

【实训内容】

物料出库：在物料出库环节新增出库指令单，后进行出库拣货，出库完成实训操作。
成品出库：在成品出库环节新增出库指令单，后进行出库拣货，出库完成实训操作。

【实训步骤】

1. 物品出库

(1) 物料出库。左边菜单栏单击【出库管理】→【物料出库】。

① 单击"新增"，跳转至下一页面，如图 10.17 所示。

图 10.17 物流公司配送物料出库

② 按照事先准备好的数据，对应填写各输入项，选择欲出库的物料，单击"保存"，返回到前一页面，一条物料出库指令单已新增成功，如图 10.18 所示。

选 择	出库指令单号	指令日期	计划人	状态
◉	OSDD201204120003	2012-04-14	覃茜茜	未审核

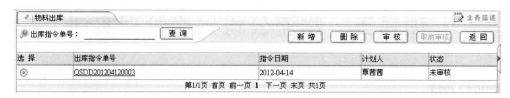

图 10.18 物流公司配送物料出库指令生成

（2）成品出库。左边菜单栏单击【出库管理】→【成品出库】。

① 单击“新增”，跳转至下一页面。

② 按照事先准备好的数据，对应填写各输入项，选择欲出库的成品，单击“保存”，返回到前一页面，一条成品出库指令单已新增成功。

2. 出库拣货

出库拣货分为自动拣货和手动拣货两种方式。自动拣货有多种策略，例如：按入库批次先进先出，按入库批次先进后出，按数量升序，按数量降序等。左边菜单栏单击【出库管理】→【出库拣货】，如图 10.19 所示。

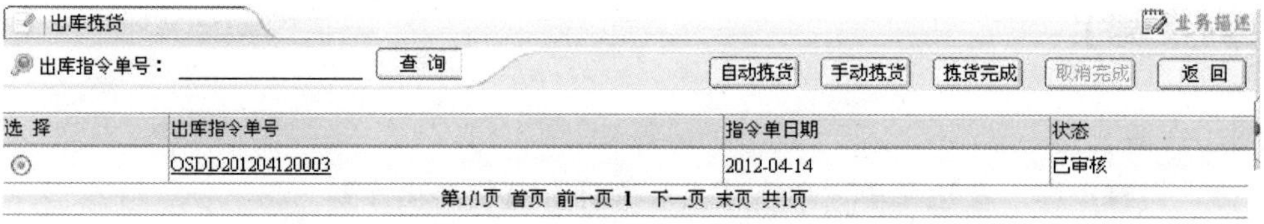

选 择	出库指令单号	指令单日期	状态
◉	OSDD201204120003	2012-04-14	已审核

图 10.19 物流公司配送出库拣货

自动拣货。①选择一条出库指令单，单击“自动拣货”，跳转至下一页面，如图 10.20 所示。

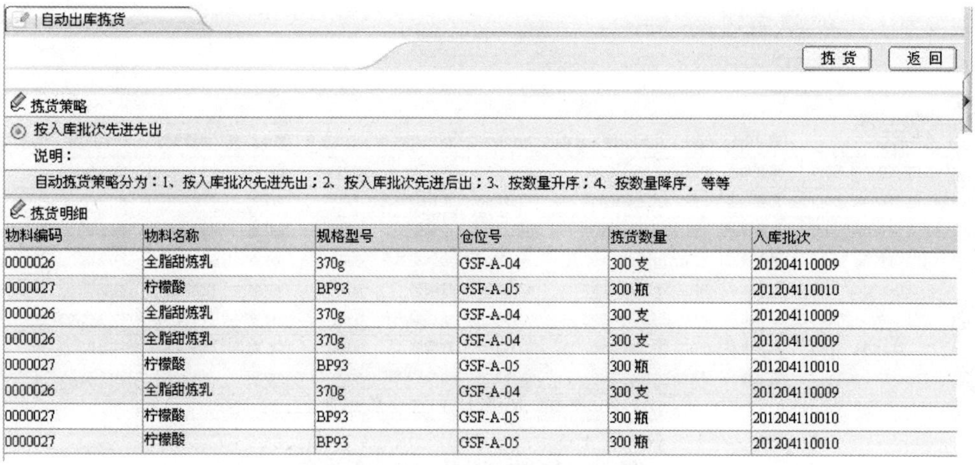

物料编码	物料名称	规格型号	仓位号	拣货数量	入库批次
0000026	全脂甜炼乳	370g	GSF-A-04	300 支	201204110009
0000027	柠檬酸	BP93	GSF-A-05	300 瓶	201204110010
0000026	全脂甜炼乳	370g	GSF-A-04	300 支	201204110009
0000026	全脂甜炼乳	370g	GSF-A-04	300 支	201204110009
0000027	柠檬酸	BP93	GSF-A-05	300 瓶	201204110010
0000026	全脂甜炼乳	370g	GSF-A-04	300 支	201204110009
0000027	柠檬酸	BP93	GSF-A-05	300 瓶	201204110010
0000027	柠檬酸	BP93	GSF-A-05	300 瓶	201204110010

图 10.20 物流公司配送自动拣货

② 单击“拣货”，按选中策略进行自动拣货，拣货结束后，已拣货物料的明细会列于页

面下方，单击"返回"，跳转至出库拣货主页面；选择刚才拣货结束的出库指令单，单击"拣货完成"，对拣货进行审核确认，如图 10.21 所示。

图 10.21　物流公司配送自动拣货完成

3. 出库完成

左边菜单栏单击【出库管理】→【出库完成】。

（1）选择刚才在出库拣货环节完成的出库作业单，单击"出库完成"，跳转至下一页面，如图 10.22 所示：在此页面用户可设置出库作业单的出库完成日期。

（2）至此，出库管理流程结束，可进入配送管理流程的实训操作。

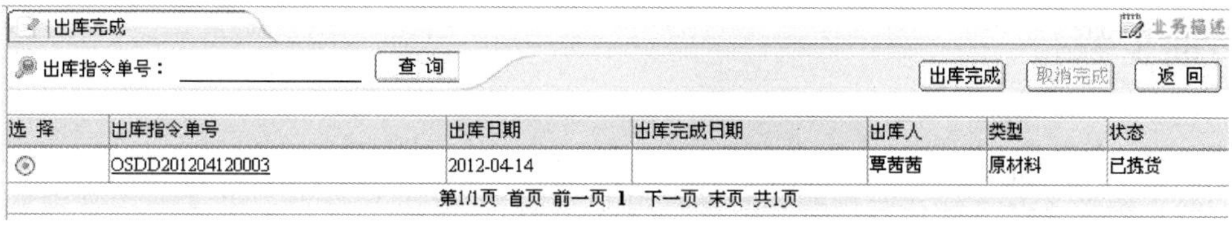

图 10.22　物流公司配送出库完成

【实训总结】

实训结束后，学生对模拟实训进行总结，重新选取某物流公司产品进行出库管理实训操作及相应的基础信息录入，编写出实训报告。

实训报告包括如下内容。

（1）实训的目的。

（2）实训的要求。

（3）实训的内容。

（4）本次实训过程中取得的主要收获和体会。

【思考题】

（1）供应链物流公司出库管理的理念有哪些？

（2）供应链物流公司出库管理的具体模式有哪些？

（3）供应链物流公司出库管理的具体实训操作流程是什么？

项目六 物流公司配送管理实训

【实训目的】

(1) 了解供应链物流公司配送管理理念。
(2) 掌握供应链物流公司配送管理的模式。
(3) 熟练掌握供应链物流公司配送管理的具体实训操作流程。

【实训内容】

物料配送：在物料齐套环节对物料齐套，后进行配送作业，配送完成实训操作。
成品配送：在物料齐套环节对成品理货，后进行配送作业，配送完成实训操作。

【实训步骤】

1. 配送准备

(1) 物料齐套（仅在对物料的配送管理时使用）。左边菜单栏单击【配送管理】→【物料齐套】。

① 单击"齐套"，跳转至下一页面，如图 10.23 所示；此页面列出了有可配送物料的需求单。

图 10.23 物流公司配送物料齐套

② 选择需求单，单击"确定"，跳转至下一页面。
③ 选择欲配送的周次，单击"确定"，跳转至下一页面。
④ 按照事先准备好的数据，对应填写各输入项，单击"保存"，返回跳转至上一页面，生成一个配送作业单。选择刚才齐套实训操作后生成的配送作业单，单击"审核"，确认齐套操作完成，配送作业单方可进入配送运输环节，如图 10.24 所示。

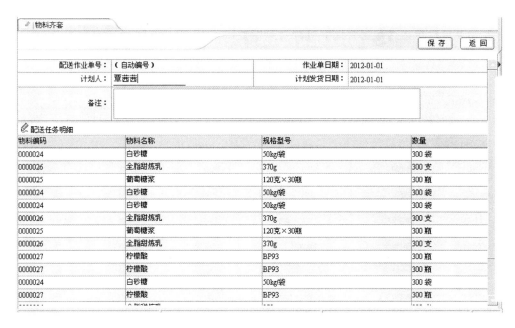

图 10.24　物流公司配送物料齐套操作完成

（2）成品理货（仅在对成品的配送管理时使用）。左边菜单栏单击【配送管理】→【成品理货】。

① 单击"理货"，跳转至下一页面；此页面列出了待配送的成品发货需求单。

② 选择一个客户订单，单击"确定"，跳转至下一页面；此页面列出了待配送的成品发货需求单明细。

③ 选择欲配送的明细，单击"确定"，保存所做选择，跳转至上一页面，如图 10.25 所示。

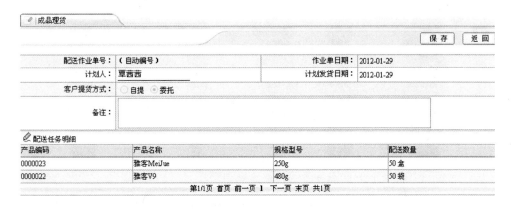

图 10.25　物流公司配送成品理货

④ 按照事先准备好的数据，对应填写各输入项，单击"保存"，返回至前一页面，生成一个配送作业单。选择刚才理货实训操作后生成的配送作业单，单击"审核"，确认理货实训操作完成。配送作业单可以进入配送运输环节。

2. 配送运输

左边菜单栏单击【配送管理】→【配送运输】。

① 选择配送作业单，单击“配载”，跳转至下一页面，如图 10.26 所示。

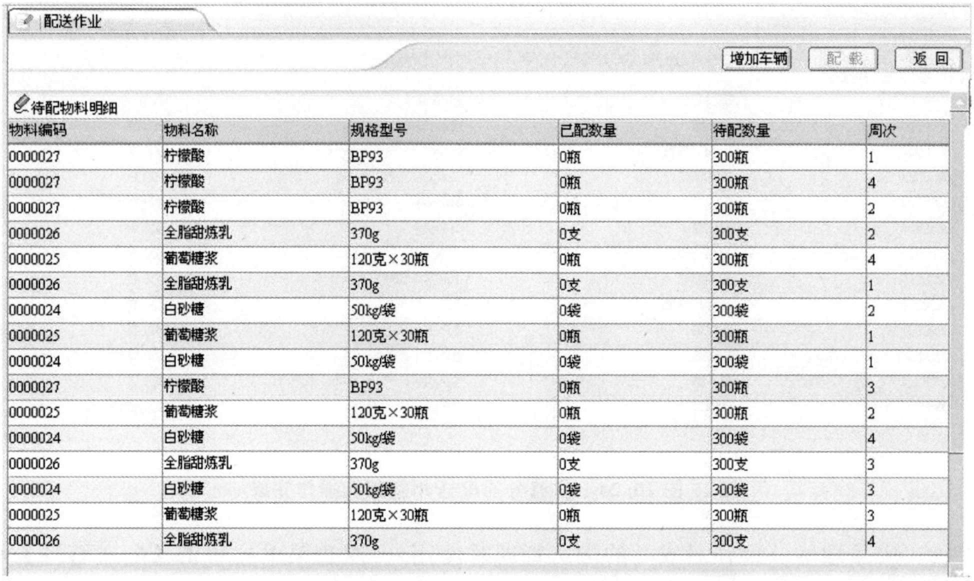

物料编码	物料名称	规格型号	已配数量	待配数量	周次
0000027	柠檬酸	BP93	0瓶	300瓶	1
0000027	柠檬酸	BP93	0瓶	300瓶	4
0000027	柠檬酸	BP93	0瓶	300瓶	2
0000026	全脂甜炼乳	370g	0支	300支	2
0000025	葡萄糖浆	120克×30瓶	0瓶	300瓶	4
0000026	全脂甜炼乳	370g	0支	300支	1
0000024	白砂糖	50kg/袋	0袋	300袋	2
0000025	葡萄糖浆	120克×30瓶	0瓶	300瓶	1
0000024	白砂糖	50kg/袋	0袋	300袋	1
0000027	柠檬酸	BP93	0瓶	300瓶	3
0000025	葡萄糖浆	120克×30瓶	0瓶	300瓶	2
0000024	白砂糖	50kg/袋	0袋	300袋	4
0000026	全脂甜炼乳	370g	0支	300支	3
0000024	白砂糖	50kg/袋	0袋	300袋	3
0000025	葡萄糖浆	120克×30瓶	0瓶	300瓶	3
0000026	全脂甜炼乳	370g	0支	300支	4

图 10.26 物流公司配送运输

② 单击“增加车辆”，跳转至下一页面，如图 10.27 所示。

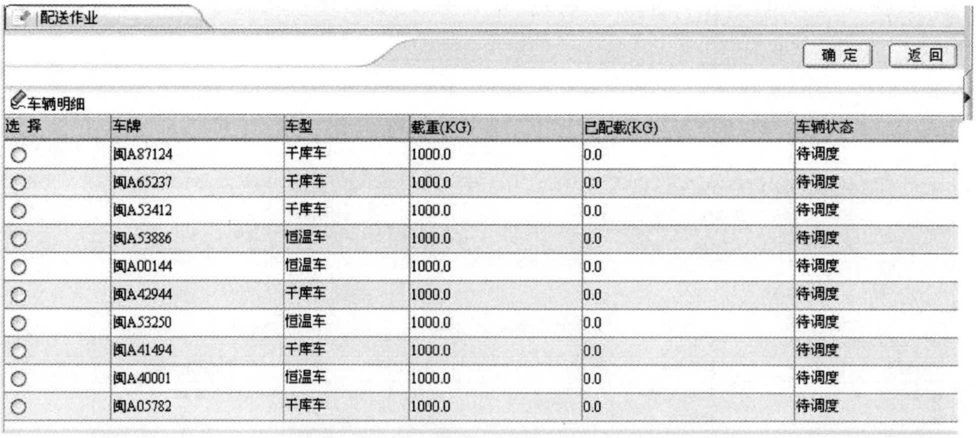

选择	车牌	车型	载重(KG)	已配载(KG)	车辆状态
○	闽A87124	干库车	1000.0	0.0	待调度
○	闽A65237	干库车	1000.0	0.0	待调度
○	闽A53412	干库车	1000.0	0.0	待调度
○	闽A53886	恒温车	1000.0	0.0	待调度
○	闽A00144	恒温车	1000.0	0.0	待调度
○	闽A42944	干库车	1000.0	0.0	待调度
○	闽A53250	恒温车	1000.0	0.0	待调度
○	闽A41494	干库车	1000.0	0.0	待调度
○	闽A40001	恒温车	1000.0	0.0	待调度
○	闽A05782	干库车	1000.0	0.0	待调度

图 10.27 物流公司配送增加车辆明细

③ 选择车辆，单击“确定”，返回跳转至上一页面；所选择车辆在车辆明细列表中列出，备配载使用。

④ 选择车辆，单击“配载”，跳转至下一页面，如图 10.28 所示；该页面列出了所选配送作业单下的所有需配送货物。

图 10.28 物流公司配送运输明细

⑤ 选择货物，单击向右箭头，进行配载作业，所列货物可以一次配载，也可以分次配载。输入配线的内容，单击"确定"，保存返回至上一页面，如图 10.29 所示。至此，配载实训操作结束。返回至配送作业主页面，选择刚才配载实训操作结束的配送作业单，单击"配载完成"，确认配载实训操作。配载完成后，方可进行出车实训操作。

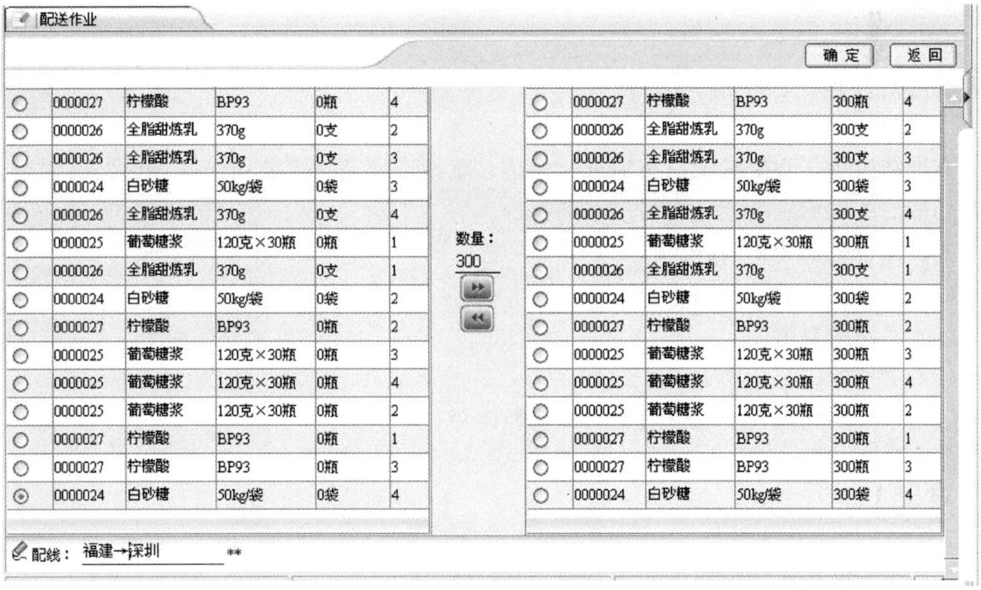

图 10.29 物流公司配送配线输入

⑥ 选择刚才配载完成的配送作业单，单击"出车"，开始运输过程，如图 10.30 所示。如果运送的是物料，目前系统设计为出车即是物料配送作业的结束。如果运送的成品，经零售商到货签收后，还需进行配送完成的实训操作。

图 10.30　物流公司配送出车

3. 配送完成

仅对应客户订单"提货方式"为"委托"的配送作业单出现的环节。左边菜单栏单击【配送管理】→【配送完成】。

① 制造商进行生产收料或是零售商收到所配送货物，到货签收确认后，物流公司可以进行配送完成实训操作。选择配送作业单，单击"回车"，跳转至下一页面，如图 10.31 所示；在此页面用户可置配送作业单的配送完成日期。

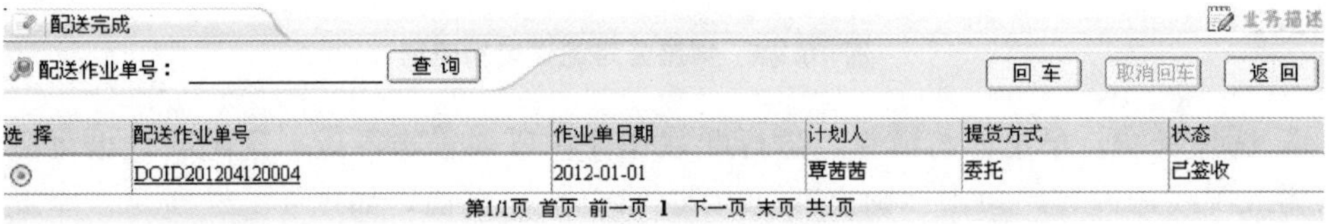

图 10.31　物流公司配送完成

② 配送完成回车后，相应的车辆置为"待调度"的状态，可备下一次调度配载使用。至此，配送管理流程结束。物流公司完成了在一次供应链运转中的使命。

【实训总结】

实训结束后，学生对模拟实训进行总结，重新选取某物流公司产品进行配送管理实训操作及相应的基础信息录入，编写出实训报告。

实训报告包括如下内容。

(1) 实训的目的。
(2) 实训的要求。
(3) 实训的内容。
(4) 本次实训过程中取得的主要收获和体会。

【思考题】

(1) 供应链物流公司配送管理的理念有哪些？
(2) 供应链物流公司配送管理的具体模式有哪些？
(3) 供应链物流公司配送管理的具体实训操作流程是什么？

实训十一　供应链需求管理

【基础知识】

　　终端用户是随机变化的，并不是一成不变的。但是在整个供应链系统中，终端用户发生变化，上游企业的订货、销货数量会发生怎样的变化？供应链有很多种，比如纺织供应链、制造供应链、IC供应链、食品供应链、IT供应链等。但是在这么多不同的供应链底下，不管是哪一类的供应链，有一个问题一定要去解决，人们叫"Bullwhip Effect"，翻译成"牛鞭效应"。一个鞭子稍微一甩，尖的那个地方的波动就会比较大。市场是消费者的天下，当市场发生微小的变化时，就可以看到，越往上游走，发生的变化越大，这是一个非常典型的牛鞭效应。某国际知名网络厂商曾经发表过一篇文章，称其因为这个效应一年就损失了20亿美元。"牛鞭效应"最早是由宝洁公司（P&G）提出的，P&G发现在其婴儿尿布的供应链中，随着时间的推移，供应商的原材料订购波动幅度很大，但是向下追溯到零售商订购环节，需求量的波动幅度却相对很小，由此可以推断，终端消费者购买环节的需求量几乎不变。

　　"牛鞭效应"是营销活动中普遍存在的现象，因为当供应链上的各级供应商只根据来自其相邻的下级销售商的需求信息进行供应决策时，需求信息的不真实性会沿着供应链逆流而上，产生逐级放大的现象，到达最源头的供应商（如总销售商，或者该产品的生产商）时，其获得的需求信息和实际消费市场中的顾客需求信息发生了很大的偏差，需求变异系数比分销商和零售商的需求变异系数大得多。由于这种需求放大变异效应的影响，上游供应商往往维持比其下游需求更高的库存水平，以应付销售商订货的不确定性，从而人为地增大了供应链中的上游供应商的生产、供应、库存管理和市场营销风险，甚至导致生产、供应、营销的混乱。产生"牛鞭效应"的原因主要有6个方面，即需求预测修正、订货批量决策、价格波动、短缺博弈、库存责任失衡和应付环境变异。其中需求预测修正是指当供应链的成员采用其直接的下游订货数据作为市场需求信息和依据时，就会产生需求放大。

　　这里我们举一个简单的例子来说明。假如我是生产商，我需要100个产品，我可能给三家外包商各下100个订单，看他们谁先做完。等到哪一家做完了，我就把另外两家的订单取消掉，这是一般的做法，因为要保护自己，库存压力就可以转嫁给供货商。这样，供货商们总共拿到300个订单，而实际需要的只有100个订单。供货商们拿到这300个订单之后，也是用同样的做法，又找他上一层的供货商，各给他们300个订单。越往上游走，订单数目就越大。虽然实际上真正需要的只是100个订单，到了第三层以上时，就变成10 000个订单，这是可怕的放大效应。我们称之为信息不对称下的"牛鞭效应"。具体"牛鞭效应"的示意图如图11.1所示。

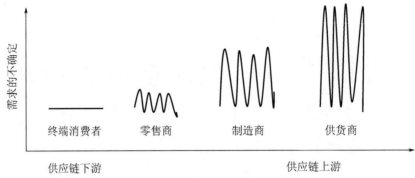

图 11.1 "牛鞭效应"示意图

从图 11.1 中可以看出,供应链每个节点收到的需求量信息都是其下游节点放大后的信息。信息在每次传递过程中都要进行一次扭曲,并且这样的扭曲会越来越大,供应链中订货量的波动程度沿着供应链逆流而上产生不断扩大的现象。

由于"牛鞭效应"现象的存在,终端用户的需求信息在向制造商、供应商传递过程中出现了逐级放大的现象,制造商所获悉的需求量要远远大于供应链终端用户实际的需求量。在"牛鞭效应"的影响下,上游供应商往往需要维持比下游零售商更高的库存水平。

为了更好地揭示这种效应,我们实训啤酒游戏。该游戏是生产与分销单一品牌啤酒的产销模拟系统。参加游戏的学生各自扮演不同的角色:零售商、批发商、分销商和制造商。在游戏中他们主要对自己的库存进行管理,即每周做一个订购多少啤酒的决策,库存决策的目标是使自己的利润最大化(费用最小化)。

【实训目的与要求】

此游戏考察了供应链成员在信息不共享、交货期不确定的情况下所做出的理性决策对供应链系统行为造成的影响。在该游戏中,由于消费者需求的小幅变动,而通过整个系统的加乘作用将产生很大的危机,首先是大量缺货,整个系统订单都不断增加,库存逐渐枯竭,欠货也不断增加,随后好不容易达到订货单大批交货,但新收到订货数量却开始骤降。

通过该游戏使学生认识到以下几点。

(1) 时间滞延、信息不足对产销系统的影响。

(2) 信息沟通、人际沟通的必要性。

(3) 扩大思考的范围,了解不同角色之间的互动关系,认识到将成员关系由竞争变为合作的必要性。

(4) 分析"牛鞭效应"产生的原因并提出改进措施。

【实训前准备】

1. 系统结构

该游戏是在一个简单的链式生产分销系统中进行,系统有四个层级,分别为制造商、分销商、批发商和零售商,每一层有一个成员,如图 11.2 所示。

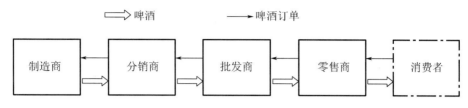

图 11.2　啤酒游戏供应链结构模型

2. 角色设置

游戏中共有 5 种角色:其中消费者角色由教师担任,其余零售商、批发商、分销商和制造商四个角色分别由学生扮演。其中,每种角色由 1 组学生扮演,每组 2~3 人。4 组学生构成一个系统进行游戏。(备注:分组方案——全班分为 8 大组,每大组 8~10 人,每大组又分为 4 小组。每大组中制造商、分销商、批发商和零售商角色各由一个小组扮演,每小组至少 2 人,也可以根据班级人数实际分组。)

3. 游戏规则

(1) 这一系统中只有单一的产品"啤酒"。

(2) 顾客和原材料设定为系统的外部环境因素。制造商的供应商假定物料充足,能满足制造商的任何订货要求。

(3) 假定系统运作方面没有任何的意外事件发生,例如厂商的产能问题、机器不需要维修、运输服务永远不会出现延误问题等。

(4) 系统中各成员之间的关系是固定的、直线递阶式的联系。例如,零售商不能绕过批发商向分销商直接上传订单,厂商不能向零售商直接发送产品。上游只能通过下游的订单来获得需求信息。

(5) 上下游设置。消费者为最下游,制造商的供应商为最上游。

(6) 每周期动作顺序。每周期初成员收到下游的订单,根据上周期末的库存进行发货;发货完毕后收到上游发来的货物,随后盘点库存并做出订货决策,最后计算本周期总费用。

(7) 提前期。在成员发出订单之后,两周之后才能收到其供应商的发货。即,订单处理 1 周,运输 1 周。在实训操作中,为了控制这种延迟,具体做法如下:在 t 周周末确定的订单(订单日期为 t),并不随即交给其供应商,而是在 $t+1$ 周初交给其供应商,供应商对此订单处理后,第 $t+1$ 周把发货单(发货单日期为 $t+1$)交给购买商,到 $t+2$ 周购买商将此发货单转变为自己的库存。

(8) 成员成本控制。在这个游戏中,各个成员的成本只涉及两个成本:库存持有成本(¥1.00/箱/周)和过期交货成本(¥2.00/箱/周),每个参赛成员的目标就是通过平衡库存持有成本和过期交货成本,实现总成本的最小化。

(9) 供应链成本。这一链条上的所有成员的成本总和(零售商、批发商、分销商和厂商)为这一链条上的供应链总成本。

(10) 供应链透明度。这一游戏的供应链透明度所涉及的信息只有库存信息,也就是库存透明度的问题。在第一次试验时,设置成员之间不共享库存信息。

(11) 外部环境信息。这一系统不受任何外部因素的影响,成员的决策只采用基于历史资料的预测方法，建议采用简单指数平滑法或移动平均法。

（12）补货周期。一个周期只允许一次补货。

（13）制造商。假设制造商的原材料充足，但是制造周期为 2 周，即从决定啤酒生产量到啤酒产出至少需要 2 周。

（14）零售商一旦缺货，就意味着失销，即下一周期对上一周期未满足的订单并不累计。而其他成员记录下未满足的订单并最终使之得到满足。

（15）在整个游戏过程中，每个成员的决策参数保持不变。

（16）需求预测模型和订货决策模型自行决定。

4. 订货决策模型

为对比不同小组游戏结果，本游戏设置下面两种订货决策模型。

（1）Sterman 游戏决策模型。

每周期实际订货量用 O_t 表示：
$$O_t = \max(0, IO_t) \qquad ①$$

其中，IO_t 为每周的计算订货量。IO_t 的计算公式为：
$$IO_t = F_t + AI_t + AWIP_t \qquad ②$$

②式中，F_t 为 t 周期的需求预测值，AI_t 为 t 周期对实际库存的调整值，$AWIP_t$ 为 t 周期对在途库存的调整值。AI_t 和 $AWIP_t$ 分别由公式③④表示：
$$AI_t = \alpha(I_t^* - I_t) \qquad ③$$

其中 $I_t^* = \delta F_t$。I_t^* 和 I_t 分别为第 t 周期的期望库存水平和实际库存水平，$I_t^* = \delta F_t$ 表明希望 t 周期的期望库存水平能够满足 δ 倍的 t 周期需求预测值。
$$AWIP_t = \beta(WIP_t^* - WIP_t) \qquad ④$$

其中 $WIP_t^* = \gamma F_t$。WIP_t^* 和 WIP_t 分别为第 t 周期的期望在途库存水平和实际在途库存水平，$WIP_t^* = \gamma F_t$ 表明希望 t 周期的期望库存水平能够满足 γ 倍的 t 周期需求预测值。

这样一个订货决策体现了对于在途库存的控制。

（2）任意订货策略，如 (t, S) 策略或 (t, R, S) 策略。其中 t 为订货周期，R 为再订货点，S 为最大库存水平。在订货点与最大库存水平的确定可参考我们讲过的定期订货法。

5. 时间安排

角色分工：3～5 分钟。

分发道具：3～5 分钟。

明确角色任务：10～15 分钟。

进行模拟：90～110 分钟。

进行 20～30 回合（第 1～10 回合最高时限 5 分，第 11～30 回合最高时限 3 分）。

利润统计：15～20 分钟。

分析探讨：小组总结（可在课下进行）。

6. 道具

每个零售商：零售商角色资料卡 1 张，零售商订货单 30 张，零售商情况总表 1 张。

每个批发商：批发商角色资料卡 1 张，批发商订货单 30 张，批发商发货单 30 张，批发商情况总表 1 张。

每个分销商：分销商角色资料卡 1 张，分销商订货单 30 张，分销商发货单 30 张，分销商情况总表 1 张。

每个制造商：制造商角色资料卡 1 张，制造商发货单 30 张，制造商情况总表 1 张。

订发货单均可用自备纸条代替。

【实训步骤】

1. 实训程序

（1）角色分工，落实道具：确保各成员都有所需要的道具。

订发货单均可用自备纸条代替，自备演草纸若干。

（2）各就各位：布置供应链网络，确定各成员按照零售商—批发商—分销商—制造商的顺序排成一条直线，并布置好各自的节点（参照图 11.2）。

（3）初始库存：每个成员的初始库存都设定为 12 箱啤酒。

（4）当前订单：每个成员的当前订单为 4 箱啤酒。每个成员都有一个第 0 周上游的发货单（在第 1 周变为库存），第 0 周的订货单在第 1 周时交给供应商。

（5）填写游戏记录表：将每个星期的对应库存、缺货、订单数量一一填入记录表。

（6）发货：根据游戏记录确定发货数量（订单允许分拆），并执行货物在链条的各节点上移动。

（7）预测：根据历史资料进行下一作业周期的需求预测，并把结果记录在需求预测表。

（8）下达订单：根据需求预测算出采购数量，向上游上传订单，并执行订单向上游的传递（注意：保持需求信息的私有性，不要让其他成员看到订货数量）。

（9）填写成员情况表：把当前的库存（缺货）数量记录下来，以便游戏结束时进行总库存成本计算。

（10）重复作业：进入下一个作业周期，重复第（5）~（9）作业程序。

（11）游戏结束：上交各自表格及统计数据。

（12）分析探讨（课下进行）。

2. 游戏绩效评估：库存成本分析 & "牛鞭效应" 分析

（1）计算总成本：总成本＝总库存成本＋总缺货成本。

（2）计算供应链成本：供应链成本＝各成员累积总成本的总和。

（3）利用需求预测记录完成"牛鞭效应"分析图。

（4）绩效评估的方法可以根据游戏的发展设定不同的重点目标，最简单的方法是：

① 多次结果的对比分析。

② 多个游戏组合之间的对比分析。

③ "牛鞭效应"分析。

1）角色资料卡 A：零售商

（1）单一经营某品牌啤酒，以箱数为单位，每周订货一次，到货一次。

（2）发订单到收到该批货物需时 2 周（如：你在第 3 周发的订单，将会在第 5 周送到）。

（3）标准库存为 12 箱，第 1 周期初，零售商为标准库存。

（4）与批发商的联系只是通过订（发）货单。

（5）每周从消费者处得到啤酒需求量。

(6)零售商在此游戏中需填写表 11-1 零售商订货单、表 11-2 零售商情况总表。

表 11-1　零售商订货单

订货时间（第几周）	
订货数量（箱）	

表 11-2　零售商情况总表

周次 T	啤酒终端用户量 A	销量 B	本期欠货量（对顾客）C	期初库存量 D	批发商送货量 E	批发商本期欠货量 F	批发商累计欠货量 G	期末库存量 H	下期需求预测量 I	本期订货量（批发商）J	本期总费用 K
0											
1											
2											
3											
4											
5											
6											
7											
8											
9											
10											
11											
12											
13											
14											
15											
16											
17											
18											
19											
20											
21											
22											
23											
24											
25											

(续)

周次 T	啤酒终端用户量 A	销量 B	本期欠货量(对顾客) C	期初库存量 D	批发商送货量 E	批发商本期欠货量 F	批发商累计欠货量 G	期末库存量 H	下期需求预测量 I	本期订货量(批发商) J	本期总费用 K
26											
27											
28											
29											
30											

演练成绩：第_____组，零售商_____，_____，_____，总费用_____。

零售商情况总表表格说明：

第 T 周的欠货量（顾客）＝第 T 周的啤酒终端用户量－第 T 周的销量，$C(T) = A(T) - B(T)$

第 T 周的累计欠货量(批发商)＝第 T-1 周的累计欠货量(批发商)＋第 T 周的本期欠货量(批发商)，$G(T) = G(T-1) + F(T)$

第 T 周的期初库存量＝第 T-1 周的期末库存量，$D(T) = H(T-1)$

第 T 周的期末库存量 = 第 T 周的期初库存量 + 第 T 周的批发商送货量－第 T 周的本期销量，$H(T) = D(T) + E(T) - B(T)$

第 T 周的费用总额＝第 T 周欠货量×2＋第 T 周期末库存量×1，$K(T) = C(T) \times 2 + H(T) \times 1$

需求预测方式自选。

订货方式自选。

2）角色资料卡 B：批发商

(1) 主营某品牌啤酒，有1个固定的客户（零售商）。

(2) 以箱数为单位进行订发货。

(3) 标准库存为12箱。

(4) 每周零售商向你订货一次，订购后大约2周货才可送到。比如，零售商第3周订的货，将会在第5周送到。

(5) 每周向分销商订货一次，订单平均需时2周，即订购后大约2周货才可送到。

(6) 与零售商、分销商间联系仅仅是通过订单、送货单。

(7) 每次发货量不得大于订单量加累计欠货量。

(8) 批发商在此游戏模拟中需填写：表 11-3 批发商发货单，表 11-4 批发商订货单，表 11-5 批发商情况总表。

表格说明：

第 T 周的欠货量(零售商)＝第 T 周的零售商订单总量－第 T 周的本期发货总量，$F(T) = A(T) - B(T)$

第 T 周的累计欠货量(零售商)＝第 T－1 周的累计欠货量(零售商)＋第 T 周的本期欠货量(零售商)，$D(T)=D(T-1)+F(T)$

第 T 周的累计欠货量(分销商)＝第 T－1 周的累计欠货量(分销商)＋第 T 周的本期欠货量(分销商)，$H(T)=H(T-1)+G(T)$

第 T 周的期初库存量＝第 T－1 周的期末库存量，$E(T)=I(T-1)$

第 T 周的期末库存量＝第 T 周的期初库存量＋第 T 周的制造商送货量－第 T 周的本期发货总量，$I(T)=E(T)+F(T)-B(T)$

第 T 周的费用额＝第 T 周累计欠货量(零售商)×2＋第 T 周期末库存量×1，$L(T)=D(T)\times 2+I(T)\times 1$

表 11－3　批发商发货单

发货时间（第几周）	
发货数量（箱）	

表 11－4　批发商订货单

订货时间（第几周）	
订货数量（箱）	

表 11－5　批发商情况总表

周次	零售商订货量	发货量（零售商）	本期欠货量（零售商）	累计欠货量（零售商）	期初库存量	分销商送货量	分销商本期欠货量	分销商累计欠货量	期末库存量	下期需求预测量	本期订货量（分销商）	本期总费用
T	A	B	C	D	E	F	G	H	I	J	K	L
0												
1												
2												
3												
4												
5												
6												
7												
8												
9												
10												
11												
12												
13												

(续)

周次 T	零售商订货量 A	发货量（零售商）B	本期欠货量（零售商）C	累计欠货量（零售商）D	期初库存量 E	分销商送货量 F	分销商本期欠货量 G	分销商累计欠货量 H	期末库存量 I	下期需求预测量 J	本期订货量（分销商）K	本期总费用 L
14												
15												
16												
17												
18												
19												
20												
21												
22												
23												
24												
25												
26												
27												
28												
29												
30												

演练成绩：第＿＿＿＿组，批发商＿＿＿＿＿＿＿＿，＿＿＿＿＿＿＿，＿＿＿＿＿＿＿，总费用额＿＿＿＿＿＿＿＿。

3）角色资料卡 C：分销商

（1）主营某品牌啤酒，有 1 个固定的客户（批发商）。

（2）以箱数为单位进行订发货。

（3）标准库存为 12 箱。

（4）每周批发商向你订货一次，订购后大约 2 周货才可送到。比如，批发商第 3 周订的货，将会在第 5 周送到。

（5）每周向制造商订货一次，订单平均需时 2 周，即订购后大约 2 周货才可送到。

（6）与批发商、制造商间联系仅仅是通过订单、送货单。

（7）每次发货量不得大于订单量加累计欠货量。

（8）分销商在此游戏中需填写：表 11-6 分销商发货单，表 11-7 分销商订货单，表 11-8 分销商情况总表。

表格说明：

第 T 周的欠货量(批发商)＝第 T 周的批发商订单总量－第 T 周的本期发货总量，$C(T)=A(T)-B(T)$

第 T 周的累计欠货量(批发商)＝第 T－1 周的累计欠货量(批发商)＋第 T 周的本期欠货量(批发商)，$D(T)=D(T-1)+C(T)$

第 T 周的累计欠货量(制造商)＝第 T－1 周的累计欠货量(制造商)＋第 T 周的本期欠货量(制造商)，$H(T)=H(T-1)+G(T)$

第 T 周的期初库存量＝第 T－1 周的期末库存量，$E(T)=I(T-1)$

第 T 周的期末库存量＝第 T 周的期初库存量＋第 T 周的制造商送货量－第 T 周的本期发货总量，$I(T)=E(T)+F(T)-B(T)$

第 T 周的费用额＝第 T 周累计欠货量(批发商)×2＋第 T 周期末库存量×1，$K(T)=D(T)\times2+I(T)\times1$

表 11－6　分销商发货单

发货时间（第几周）	
发货数量（箱）	

表 11－7　分销商订货单

订货时间（第几周）	
订货数量（箱）	

表 11－8　分销商情况总表

周次	批发商订货量	发货量（批发商）	本期欠货量（批发商）	累计欠货量（批发商）	期初库存量	制造商送货量	制造商本期欠货量	制造商累计欠货量	期末库存量	下期需求预测量	本期订货量（制造商）	本期总费用
T	A	B	C	D	E	F	G	H	I	J	K	L
0												
1												
2												
3												
4												
5												
6												
7												
8												
9												
10												
11												

（续）

周次 T	批发商订货量 A	发货量（批发商）B	本期欠货量（批发商）C	累计欠货量（批发商）D	期初库存量 E	制造商送货量 F	制造商本期欠货量 G	制造商累计欠货量 H	期末库存量 I	下期需求预测量 J	本期订货量（制造商）K	本期总费用 L
12												
13												
14												
15												
16												
17												
18												
19												
20												
21												
22												
23												
24												
25												
26												
27												
28												
29												
30												

演练成绩：第_____组，分销商_____，_____，_____，总费用额_____。

4) 角色资料卡 D：制造商

（1）在某地区由 1 家分销商独家代理某品牌啤酒。

（2）以箱数为单位进行制造和发运。

（3）与分销商间联系仅仅是通过订单、送货单。

（4）每周分销商们向你订货一次，订单平均需时 2 周，即订购后大约 2 周货才可送到。比如，分销商们第 3 周发出的订单，将会在第 5 周收到货。

（5）每周制造商都可以对自己生产的啤酒量做一次决定，但注意从决定啤酒生产量到啤酒产出至少需要 2 周。

（6）保持一定的库存，标准库存为 12 箱。

(7) 每次发货量不得大于订单量加累计欠货量。

(8) 在扩大规模前，最低生产水平为 12 箱，最高生产水平为 24 箱，在扩大规模后，最低生产水平为 24 箱，最高生产水平为 48 箱（注意：扩大生产后，生产量不得低于相应的最低生产能力）。

(9) 制造商在此游戏模拟中需填写：表 11-10 制造商发货单，表 11-11 制造商情况总表。

表格说明：

第 T 周的本期欠货量＝第 T 周的批发商订单量－第 T 周的本期发货量，$C(T)=A(T)-B(T)$

第 T 周的累计欠货量＝第 T－1 周的累计欠货量＋第 T 周的本期发货欠货量，$D(T)=D(T-1)+C(T)$

第 T 周的制造产出量＝第 T－2 周的计划生产量，$F(T)=H(T-2)$

第 T 周的期初库存量＝第 T－1 周的期末库存量，$E(T)=G(T-1)$

第 T 周的期末库存量＝第 T 周的期初库存量＋第 T 周的制造产出量－第 T 周的本期发货量，$G(T)=E(T)+F(T)-B(T)$

生产能力限额如表 11-9 所示。

表 11-9　生产能力限额　　　　　　　　　　　　单位：箱

	基本生产能力	扩大生产后生产能力
每周最低生产量	12	24
每周最高生产量	24	48
生产批量	12	24

注意：扩大生产后，生产量不得低于相应的最低生产能力

欠货与库存均有成本：第 T 周的费用额＝第 T 周累计欠货量×2＋第 T 周期末库存量×1，$J(T)=D(T)\times2+G(T)\times1$

每一周制造商均在周初向批发商发货，制造商两周前生产的货物在周末时才能进入仓库。

表 11-10　制造商发货单

发货时间（第几周）	
发货数量（箱）	

表 11-11　制造商情况总表

周次	分销商订货量	本期发货量	本期欠货量	累计欠货量	期初库存量	制造产出量	期末库存量	下期需求预测量	本期计划生产量	本期总费用
T	A	B	C	D	E	F	G	H	I	J
0					12					
1						12				

（续）

周次 T	分销商订货量 A	本期发货量 B	本期欠货量 C	累计欠货量 D	期初库存量 E	制造产出量 F	期末库存量 G	下期需求预测量 H	本期计划生产量 I	本期总费用 J
2										
3										
4										
5										
6										
7										
8										
9										
10										
11										
12										
13										
14										
15										
16										
17										
18										
19										
20										
21										
22										
23										
24										
25										
26										
27										
28										
29										
30										

演练成绩：第_____组，制造商_____，_____，_____，总费用额_____。

【实训总结】

实训结束后,学生对模拟实训进行总结,编写出"牛鞭效应"的实训报告。
实训报告包括如下内容。
(1) 实训的目的。
(2) 实训的要求。
(3) 实训的内容及步骤。
(4) 相关数据,包括实训的相关业务流程图、开展相关业务的单据。
(5) 本次实训过程中取得的主要收获和体会。

【思考题】

(1) 如果终端用户波动较大,制造商处的订单将会发生怎样的变化?
(2) 试分析"牛鞭效应"产生的原因?
(3) 供应链中的成员应该采取什么方法或措施可以减小"牛鞭效应"?
(4) 总结分析信息放大效应对整个供应链管理的影响及启示?

实训十二　供应链一体化实训

【基础知识】

　　随着市场竞争的越演越烈，企业与企业之间的竞争已经从广度的竞争（企业产品线的宽度，企业的规模等）延伸到广度和深度（产品的总成本，生产的及时性等）两方面的共同竞争。根据波特的分析，他把企业的竞争战略分为三类：成本领先战略、差异化战略和聚焦战略，每一个企业为了获得在市场上的领先地位，都在想方设法削减产品的总成本，积极地创造自己产品的特色。但是我们知道，随着技术的飞速发展，产品的特色很容易就被别的公司所仿制，差异化越来越不明显，而产品的同质化却席卷整个产品链。在这种情况下，竞争的对象必须从单个企业之间转移到供应链和供应链之间，无论从降低产品的总成本还是从提高对市场的反应速度和产品的差异化来说，都必须依靠对供应链的管理，依靠高效的供应链的一体化运作来保持和提升供应链的竞争力。

　　随着经济的全球化以及跨国集团的兴起，企业产品生产的"纵向一体化"运作模式逐渐被"横向一体化"所代替，围绕一个核心企业（不管这个企业是生产企业还是商贸企业）的一种或多种产品，形成上游与下游企业的战略联盟，上游与下游企业涉及供应商、生产商与分销商，这些供应商、生产商与分销商可能在国内，也可能在国外。在这些企业之间，商流、物流、信息流、资金流形成一体化运作，这样就构成了供应链的一体化运作。

　　供应链实训操作及管理在新经济环境下日渐成为企业赢得竞争的关键所在，供应链中的各节点企业利用现代信息改造和集成业务流程，实施客户关系管理（CRM），建立起协同的业务伙伴同盟，通过伙伴间的合作与共享，谋求建立一体化的精细管理，实现物流、信息流、资金流、工作流和组织流的集成化供应链动态联盟，最终使企业内外环境协调，达到满足客户需求、增强企业核心竞争力的目的。供应链上的企业不再是一个独立的个体，而是要考虑到上下游企业的相互作用，下游企业的运营策略会影响到上游企业的决策；同样，上游企业的运营策略也会影响到下游企业的决策。因此，对于供应链有必要实施一体化管理。

【实训目的与要求】

　　通过本次课程设计，加深对供应链管理学习中的基本概念、原理认识与理解，熟悉供应链物流网络设计程序和掌握设计方法，进一步理解物流高级化到供应链管理的发展过程；通过课程设计掌握约束理论、并行工程在供应链管理方案规划设计中的应用，以达到全面系统地学习、巩固理论知识，加深实践体验的学习要求。具体有如下要求。

1. 方案设计内容

（1）××企业供应链方案设计的指导思想、经营战略、物流运作模式、区域物流中心或配送中心数量和规模的确定、供应链库存管理等具体实施方案。

（2）明确供应链物流过程涉及的不同经营主体。根据所给资料结合所学的相关知识为该企业设计出科学、高效的供应链管理运作方案的基本流程（涉及不同企业、部门、人员及其作业内容要点）。

（3）用供应链管理理论及方法对该企业现有的供应链过程进行重新整合优化，使企业尽早突破影响供应链管理战略规划实施及未来深层次发展的瓶颈。

（4）分析供应链管理可能给××企业带来的效益，通过本次供应链管理方案的规划设计与实施，企业能最终达到运用全新的供应链管理思想重新整合现有资源，培养和提升自身核心竞争力的目的。

2. 材料要求

（1）方案应满足以下条件。

① 理论联系实际，所规划的方案有针对性（目标明确，方案科学可行，能够解决实际问题）。

② 采用可行的供应链物流运作模式设计角度（例如：企业自营物流、第三方物流、1＋3模式或咨询机构等）。

③ 着重体现供应链管理体系的战略与战术构思。

④ 应包含完整的供应链组织设计和供应链技术设计（组织机构优化及可行的技术方案）。

⑤ 在规划设计中若需要更多的理论知识及背景资料，除重点参考推荐资料外可登录到相关网站查询，有关设计条件不足的部分可自行假设。

（2）提交小组成员分工表，装订于方案首页。

（3）提交任务书为纸质稿件，并准备电子稿。

（4）本设计在一周内完成。

【实训步骤】

每组同学确定一个具体的企业作为目标企业，通过对该企业相关数据的收集、分析以及对相关资料的查询，建立相应的信息库和数据资料库，并用物流管理的专业理论知识去解决该企业供应链一体化过程中的相应任务，包括客户关系管理、生产计划与控制、采购管理、物流配送管理、库存管理等模块进行实现，设计一个符合企业发展的完整的供应链管理方案，进行系统分析，绘制相应的系统流程图和模块图。具体实训操作步骤可参见图12.1。

（1）在不同的行业（第三方物流公司、汽车制造业、家电制造业、服装制造业、快销品等）中选一个企业作为目标企业，了解该企业的背景，包括：企业的名称、类型、经营范围和性质等。

（2）从宏观上了解"供应链一体化"的实质和核心内容，理解供应链一体化的流程，制

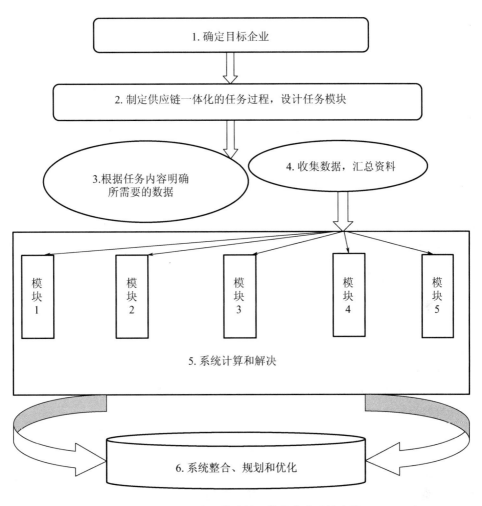

图 12.1 ××企业供应链一体化方案设计步骤

定供应链一体化的任务流程，并根据制定的任务流程来对供应链一体化的设计任务进行分解，并建立相应任务模块，即明确供应链一体化设计的实训操作步骤。具体地，在该层面上的思路可以分解到：供应链一体化需要做哪些具体的工作？其工作流程是怎样的？每一部分的工作需要完成哪些任务？

（3）在了解了供应链一体化具体需要完成的任务后，进一步分析完成这些任务模块分别需要哪些数据和资料，并对这些需要的东西进行统计和总结。

（4）根据所确定的具体企业资料以及行业背景去寻找、设计出需要的具体数据和信息（这些数据信息可以从官方或企业公布的资料中得到，也可以从二手的途径，例如关于该企业的分析评论文章中所引用的数据得到，甚至还可以根据企业的背景和它所在行业的特点在一个合理的范围内假设得到。不管以何种方式得到数据，都要求该数据在理论和逻辑上是合理的，并要求对数据来源进行标注）。

（5）根据确定的任务模块，结合所建立的数据库去一步一步完成设计任务。

（6）对设计进行整体的整合和规划，甚至是优化。

【实训原理】

供应链管理设计原理要点有以下几点。

1. 竞争优先权和制造战略

在消费者产品产业中,零售库存通常是供应链的控制者。零售库存的目的是保证顾客来商店购物时所需要的商品就在货架上。生产商品的工厂也成为供应链的一员,与零售商店竞争。

供应链在成本、质量、时间和柔性的基础上的竞争能力受到它的四个长期结构因素的控制,包括生产能力、技术、设备以及纵向集成,同时也受到四个基础设施因素的控制,包括职工、质量、生产计划/控制以及组织。基础设施因素对企业的竞争力的影响正逐渐增强。

制造战略将制造系统分成五种主要类型:单项生产、单件小批生产、批量生产、流水线、连续生产。这五种主要制造系统用来满足按库存生产、按订单组装、按订单配置、按订单生产等不同的市场要求。这几种战略都表明了市场中的竞争优先性。

按库存生产是指在库存中保留产品,以备即刻发货之需,这样可以将交货时间减到最短。这属于推动式供应链模式。先预测需求,在获得真正需求信息之前就进行生产。

相反,按订单生产是指在制造商获得订单之后再少量生产定制产品。按订单生产的商品通常批量较小,技术要求较高,要求产品性能设计较好,以及有可靠的交货期。

按订单组装和按订单配置是应对大量最终产品装配的战略,也是批量定制的一种选择。按订单组装和按订单配置的产品使用标准配件和零件,要求在装配过程中实现高效和低成本生产,在组装和配置阶段具有柔性,以便满足客户的个性化需求。

2. 反应性供应链和有效性供应链

供应链失败的一个原因是缺乏对需求本质的了解。缺乏这样的了解通常会导致供应链设计与产品特性不一致。费希尔提出两个别具特色的供应链设计方法:反应性供应链和有效性供应链。

反应性供应链的目的是对终端用户迅速做出反应。这个供应链模型较适用于需求预测性较差、预测错误率较高、产品周期短、新产品引进频繁,以及产品多样性较强的情况。反应性供应链设计符合重视快速反应、开发速度、迅速交货、定制和产量柔性等竞争优先。反应性供应链的设计特点包括:柔性和中间流程,根据需要设定库存以便快速交货,大大缩短提前期。

有效性供应链的目的是协调物料流和服务流,使库存最小化,最终获得供应链上的制造商和服务提供商的效率最大化。这个供应链模型较适合需求预测性较高、预测错误率较低、产品周期长、新产品引进不频繁、产品多样性较弱的情况。生产的输出一般存入库以满足需求,交付订单的周期短。有效性供应链设计符合重视低成本运作和准时交货等竞争优先策略。有效性供应链设计特点包括流水线、低库存缓冲、低库存投资。

3. 钟点时脉

费恩提出每一个行业都有不同的发展速度,这在某种程度上取决于它的生产钟点时脉、流程钟点时脉和组织钟点时脉。例如,信息娱乐行业是时脉较快的行业。电影以小时来测量产品生命。圣诞节期间是推出新电影的最佳时机,这时的观众最多。信息娱乐行业的加工速度也很快。将信息娱乐产品和服务送到家里、公共中心和办公室的流程每天都在发生变化，激光唱机和 DVD 只是其中的几个例子罢了。同时，组织结构也是动态的，媒体巨头之间的关系经过不断的谈判、签字、再谈判来适应产品和流程设计的改变。

飞机工业是一个慢时脉产品行业的实例。波音公司以十年为单位测量产品时脉。波音 747 在 20 世纪 70 年代上市，波音公司今天仍在通过销售波音 747 获利。现在生产和销售的波音 747 与它最初投产时的制造计划相比没什么改变。

处于中间位置的是汽车行业。汽车产品不像信息娱乐行业的产品那样变化快，也不像飞机工业那样慢。例如，客车的产品寿命为 3~5 年。对其流程时脉而言，制造商希望每个新款汽车都能在推出之后四五年就过时。

供应链设计应该反映产品钟点时脉的本质：了解要求可以使企业更有可能拥有一个有效的供应链。分析产品、流程和组织时脉可以使我们更清楚、更准确地看到客户的未来需要。

4. 牵引式供应链和推动式供应链

供应链的所有流程可以分成两大类：牵引式和推动式。在牵引式中，产品的生产受客户的需求触发，这种流程的需求不确定性很高，周期较短，主要的生产战略是按订单生产，按订单组装和按订单配置。在推动式中，产品的生产根据预测，并在客户订货前进行生产。推动式流程的不确定性很低，但提前期较长，按库存生产是主要的生产方式。

牵引式和推动式在设计供应链中很重要。供应链的首要目的是理解客户的需求以及如何根据客户的需要按照恰当的时间将恰当数量的产品送到恰当的地点；第二个目的是生产能力的问题，牵引式要求灵活的生产能力。

5. 供应链管理的难点

（1）供应链的集成问题。供应链的集成很难，主要有两个原因：第一，供应链是一个集成的系统，要求有内聚力的决策，以便优化系统收益和价值。在集成系统中，供应链中的各种设施会有不同的、相冲突的目标。第二，供应链是一个动态系统，有自己的生命周期，它在不断地发展。例如，客户需求和接受力随时间在不断地变化，供应链关系也在不断地变化。

（2）供应链的管理者面临的问题。供应链的管理者面临着许多重要的难题。例如，供应链设计和战略合伙是一件很困难的事情，因为不同的设计和伙伴所制定的目标会相互冲突，而且他们具有动态特性。库存管理是另外一个棘手的问题：库存对系统的性能有什么影响？为什么供应链上的成员要保留库存？配送网络配置涉及管理根据仓库位置和生产能力做决策，为每个车间里的每一种产品确定生产标准，以及为各设施之间设定运输流程，以使总生产、库存、以及运输成本最小化，满足服务要求。

（3）数据、信息和知识的共享的问题。数据、信息和知识的共享是整合供应链过程中所面临的一个实际问题，大量的企业技术知识很难清楚地表达出来，只是静静地躺在知识工人的心里。需要特别指出的是，新兴的信息技术能够在多大程度上帮助解释复杂且沉默的知识，并将这些知识在分散、虚拟的组织之间共享？

【实训总结】

实训结束后，学生对模拟实训进行总结，重新选取某产品进行一体化销售实训操作及相应的供应链信息录入，编写出实训报告。

实训报告包括如下内容。

（1）实训的目的。

（2）实训的要求。

（3）实训的内容。

（4）本次实训过程中取得的主要收获和体会。

【思考题】

（1）试比较供应链一体化与分散化有什么区别与联系？

（2）如何发挥供应链一体化的最大效用？

（3）试想是不是所有的运营实训操作中供应链一体化都是能够使得供应链整体效用最大？并具体说明。

参 考 文 献

[1] 深圳市华软新元科技有限公司. 华软供应链管理系统——实训指导书. 2009.
[2] [美] 鲍尔索克斯, 克劳斯, 库珀. 供应链物流管理 [M]. 马士华, 黄爽, 赵婷婷, 译. 北京: 机械工业出版社, 2010.
[3] 李孟涛. 供应链管理实训 [M]. 大连: 东北财经大学出版社, 2009.
[4] 陆克斌, 房巧红. 供应链管理与系统实训 [M]. 北京: 中国建材工业出版社, 2016.
[5] 李海刚. 电子商务物流与供应链管理 [M]. 北京: 北京大学出版社, 2014.
[6] 徐璟, 朱丽, 徐龙. 供应链管理系统项目实训教程 [M]. 北京: 北京理工大学出版社, 2011.
[7] 陈建岭. 供应链管理 [M]. 北京: 北京大学出版社, 2016.
[8] [美] Paul Myerson. 精益供应链与物流管理 [M]. 梁峥, 郑诚俭, 郭颖妍, 李树星, 译. 北京: 人民邮电出版社, 2014.
[9] [美] Kenneth Lysons, Brian Farrington. 采购与供应链管理 [M]. 莫佳忆, 曹煜辉, 马宁, 译. 北京: 电子工业出版社, 2014.
[10] 朱道立. 物流与供应链管理 [M]. 上海: 复旦大学出版社, 2001.
[11] 冯华. 供应链管理实验教程 [M]. 武汉: 武汉大学出版社, 2008.
[12] 马士华, 林勇. 供应链管理 [M]. 5版. 北京: 机械工业出版社, 2016.
[13] 赵林度, 王海燕. 供应链与物流管理 [M]. 北京: 科学出版社, 2011.

高等院校物流专业创新规划教材

序号	书 名	书 号	编著者	定价	序号	书 名	书 号	编著者	定价
1	物流工程	7-301-15045-0	林丽华	30.00	41	物流系统优化建模与求解	7-301-22115-0	李向文	32.00
2	物流管理信息系统	7-301-16564-5	杜彦华	33.00	42	物流管理	7-301-22161-7	张佺举	49.00
3	现代物流学	7-301-16662-8	吴 健	42.00	43	运输组织学	7-301-22744-2	王小霞	30.00
4	物流英语	7-301-16807-3	阚功俭	28.00	44	物流金融	7-301-22699-5	李蔚田	39.00
5	采购管理与库存控制	7-301-16921-6	张 浩	30.00	45	物流系统集成技术	7-301-22800-5	杜彦华	40.00
6	物料学	7-301-17476-0	肖生苓	44.00	46	商品学	7-301-23067-1	王海刚	30.00
7	物流项目招投标管理	7-301-17615-3	孟祥茹	30.00	47	项目采购管理	7-301-23100-5	杨 丽	38.00
8	物流运筹学实用教程	7-301-17610-8	赵丽君	33.00	48	电子商务与现代物流	7-301-23356-6	吴 健	48.00
9	现代物流基础	7-301-17611-5	王 侃	37.00	49	国际海上运输	7-301-23486-0	张良卫	45.00
10	现代物流管理学	7-301-17672-6	丁小龙	42.00	50	物流配送中心规划与设计	7-301-23847-9	孔继利	49.00
11	供应链库存管理与控制	7-301-17929-1	王道平	28.00	51	运输组织学	7-301-23885-1	孟祥茹	48.00
12	物流信息系统	7-301-18500-1	修桂华	32.00	52	物流案例分析	7-301-24757-0	吴 群	29.00
13	城市物流	7-301-18523-0	张 潜	24.00	53	现代物流管理	7-301-24627-6	王道平	36.00
14	营销物流管理	7-301-18658-9	李学工	45.00	54	配送管理	7-301-24848-5	傅莉萍	48.00
15	物流信息技术概论	7-301-18670-1	张 磊	28.00	55	物流管理信息系统	7-301-24940-6	傅莉萍	40.00
16	物流配送中心运作管理	7-301-18671-8	陈 虎	40.00	56	采购管理	7-301-25207-9	傅莉萍	46.00
17	物流工程与管理	7-301-18960-3	高举红	39.00	57	现代物流管理概论	7-301-25364-9	赵跃华	43.00
18	商品检验与质量认证	7-301-10563-4	陈红丽	32.00	58	物联网基础与应用	7-301-25395-3	杨 扬	36.00
19	供应链管理	7-301-19734-9	刘永胜	49.00	59	仓储管理	7-301-25760-9	赵小柠	40.00
20	逆向物流	7-301-19809-4	甘卫华	33.00	60	采购供应管理	7-301-26924-4	沈小静	35.00
21	集装箱运输实务	7-301-16644-4	孙家庆	34.00	61	供应链管理	7-301-27144-5	陈建岭	45.00
22	供应链设计理论与方法	7-301-20018-6	王道平	32.00	62	物流质量管理	7-301-27068-4	钮建伟	42.00
23	物流管理概论	7-301-20095-7	李传荣	44.00	63	物流成本管理	7-301-28606-7	张 远	36.00
24	供应链管理	7-301-20094-0	高举红	38.00	64	供应链管理(第2版)	7-301-27313-5	曹翠珍	49.00
25	企业物流管理	7-301-20818-2	孔继利	45.00	65	现代物流信息技术(第2版)	7-301-23848-6	王道平	35.00
26	物流项目管理	7-301-20851-9	王道平	30.00	66	物流信息管理(第2版)	7-301-25632-9	王汉新	49.00
27	供应链管理	7-301-20901-1	王道平	35.00	67	物流项目管理(第2版)	7-301-26219-1	周晓晔	40.00
28	物流学概论	7-301-21098-7	李 创	44.00	68	物流运作管理(第2版)	7-301-26271-9	董千里	38.00
29	航空物流管理	7-301-21118-2	刘元洪	32.00	69	物流技术装备(第2版)	7-301-27423-1	于 英	49.00
30	物流管理实验教程	7-301-21094-9	李晓龙	25.00	70	物流运筹学(第2版)	7-301-28110-9	郝 海	45.00
31	物流系统仿真案例	7-301-21072-7	赵 宁	25.00	71	交通运输工程学(第2版)	7-301-28602-9	于 英	48.00
32	物流与供应链金融	7-301-21135-9	李向文	30.00	72	第三方物流(第2版)	7-301-28811-5	张旭辉	38.00
33	物流信息系统	7-301-20989-9	王道平	28.00	73	国际物流管理(第2版)	7-301-28927-3	柴庆春	49.00
34	现代企业物流管理实用教程	7-301-17612-2	乔志强	40.00	74	现代仓储管理与实务(第2版)	7-301-28709-5	周兴建	48.00
35	出入境商品质量检验与管理	7-301-28653-1	陈 静	32.00	75	物流配送路径优化与物流跟踪实训	7-301-28763-7	周晓光	42.00
36	物流项目管理	7-301-21676-7	张旭辉	38.00	76	智能快递柜管理系统实训	7-301-28815-3	杨萌柯	39.00
37	智能物流	7-301-22036-8	李蔚田	45.00	77	物流信息技术实训	7-301-28807-8	周晓光	38.00
38	物流决策技术	7-301-21965-2	王道平	38.00	78	电子商务网站实训	7-301-28831-3	邢 颖	45.00
39	新物流概论	7-301-22114-3	李向文	34.00	79	电子商务与快递物流	7-301-28980-8	杨萌柯	49.00
40	库存管理	7-301-22389-5	张旭凤	25.00					

如您需要浏览更多专业教材，请扫下面的二维码，关注北京大学出版社第六事业部官方微信（微信号：pup6book），随时查询专业教材、浏览教材目录、内容简介等信息，并可在线申请纸质样书用于教学。

感谢您使用我们的教材，欢迎您随时与我们联系，我们将及时做好全方位的服务。联系方式：010-62750667，329056787@qq.com，pup_6@163.com，lihu80@163.com，欢迎来电来信。客户服务QQ号：1292552107，欢迎随时咨询。